昭和
ちびっこ広告手帳
～東京オリンピックからアポロまで～

おおこしたかのぶ
ほうとうひろし
共　編

Children's Advertising in the Showa Era

青幻舎
SEIGENSHA

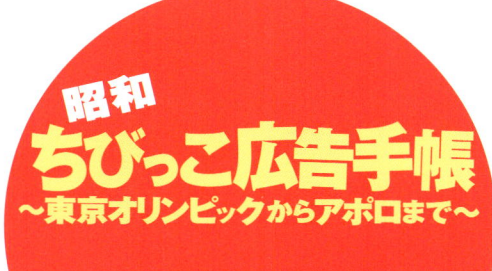

まえがき

本書は一九九九年に刊行された『ちびっこ広告図案帳 ad for KIDS:1965〜1969』（オークラ出版・刊）をもとに再編集した文庫版です。

オリジナル版製作時のテーマは、〝それまで一般層はおろか、広告業界筋からも省みられることのなかった昭和四〇年代の少年少女向け広告、その広範囲に渡る収集とデジタル処理によるリマスタリングによって後世に残す〟ことでした。

〝昔懐かしい児童向け雑誌広告〟は絶滅こそしていないものの、一般社会においては極めて縁遠いものでした。そもそもが繰り返して鑑賞されることを前提として製作された「作品」でもなければ「娯楽物」でもありません。広告対象商品の流通期間が過ぎ去り、セールスプロモーションの役目を終えたそれらは忘れ去られても仕方のないものでした。

まず「広告」という存在自体に儚《はかな》さがあり、さらに掲載媒体である「雑誌」に備わっている儚《はかな》さと、「児童向け」であることへの軽視も合わさってか、それらを回顧したり研究したりする契機はまったく失われていました。ふと思い出し、もう一度確認したいと思ったとしても、個人的にスクラップして保管でもしていない限り、再見する手掛かりはほとんどなかったのです。

では、それらの広告の保存状況はどうなっていたのでしょうか？　それら広告の出広媒体である雑誌――主に週刊漫画誌は、昭和四〇年代半ばには〝発行部数一〇〇万部突破〟を誇るものも現れるほど広く流布されたものですが、「雑誌」という媒体の特質上、読み終わったもののほとんどが古紙として再生紙にされるか、あるいは破棄される運命にありました。また一般書籍などとちがい図書館で収集される性格のものでもありません。

〝我が国で刊行された雑誌を含む総て出版物の収集と保管〟を前提とする国立国会図書館においても、昭和四〇年代あたりの漫画雑誌ともなると、ものによっては不揃いですし、閲覧するにもたいへんな時間と労力を要します。

これが、たとえば古い流行歌などのアナログレコードですと、状況はまったく異なります。昭和五〇年代にはあらかたがＣＤ化され、二一世紀の今日ではさらにデータ配信事業の重要なコンテンツとなって、空気や湯水のごとく気軽に鑑賞されています。同じように、家庭用ビデオデッキが普及する以前までは個人所有など考えられなかった劇場映画などの映像作品もこぞって商品化され、主要媒体がＤＶＤに移り変わった今日ではコンビニエンス・ストアの店頭でも気軽に、そして安価に買えるまでになりました。小説・文芸や漫画などの二次三次利用に関しては言わずもがなでしょう。

これら〝一般的に認知され、現在でもフル活用されている文化遺産〟と同様に、収集・リマスタリングした広告は一般書籍として公表し、それらを足掛かりに読者に当時の児童文化の多面的な要素を再発見してもらおう、ということが編者のもうひとつの狙いでした。

しかし実制作に際して、問題は三つありました。

一．広告素材――すなわち昭和四〇年代当時の児童向け雑誌の手配をどうするか？

二．デジタル修復の実作業――デジタルとは称しても、実作業は人的な手作業と何ら変わりません。この面倒な作業を引き受けてくれるところがあるのか？

三．権利関係の許諾作業。

さいわいにして早稲田大学近くの鶴巻町にある「現代マンガ図書館」という私設漫画コレクションの全面的な協力を得ることができ、一の懸案は解決しました。二の懸案も写真集印刷などで定評のある図書印刷株式会社が引き受けてくれることになりました。元原稿として入稿した古雑誌にこびりついた汚れや退色、欠落などの経年劣化は、同社の沼津工場デジタル製版課が持てる技術を総動員、約二六〇点のカラー広告に対して一〇ヶ月を費やし、四十数年前の刷り上がり状態の再現に務めていただきました。そして三の懸案は、時間をかけて関係各位にコツコツとお願いし、理解と協力を求めていきました。

こうして二年掛かりの作業を終えたオリジナル版は、発行と同時に大きな反響を得ることができ、続刊『ちびっこ広告図案帳70's AD for KIDS:1970-1974』を刊行するにいたっています。

さて今回の文庫化は、オリジナル版が売価四八〇〇円と一般書籍としては比較的高額であったため、今日的に〝よりポータブルかつリーズナブル〟なアイテムとして仕立て直すことにポイントを置きました。また、広告を各年ごと時系列に並べて時代の移り変わりに焦点を当てたオリジナル版の構成を、本書では物品に焦点を当てた商材別構成に改めてあります。モノクロ広告や解説文はすべて割愛しましたが、その代わりオリジナル版でページの都合上、一〇分の一サイズに縮小掲載しなければならなかった四五点の広告すべてを、より大きく掲載できました。

実を言えば文庫化は〝初出時と寸分違わぬリアルサイズでの再録〟のために漫画雑誌と同じB5サイズで製作したオリジナル版のコンセプトに相反するのですが、それでも、文庫化によってより幅広い層に気軽に鑑賞していただくことは、編者のかねてから望むところでした。

雑誌広告は、その多くが商品特徴をあらわした宣伝文と商品価格、そして商品写真の組み合わせから出来上がっています。ものによっては商品よりもイメージ画像を大きくあしらい、購入者にどれほどの満足感を与えるかを強調したものもあります。

　これが少年少女向け商品の広告ともなりますと、文言はよりストレートな分かりやすい表現となり、加えて、見ているだけで楽しい気分に誘ってくれる人気のキャラクターやヒーロー、子役タレントたちの登場頻度も高くなります。広告対象の商材――慣れ親しんだお菓子や玩具、憧れた懸賞景品、買ってもらえなかった高級品などへの特別な思いとともに、古き良き友人たちと再会する喜びにも似た感情を抱かれる読者は少なくないと思います。

　一時代を風靡した音楽や映像の多くには、忘れ去っていた当時の記憶などを瞬時に喚起覚醒させる不思議な力がそなわっているものですが、本書で採りあげた少年少女向け広告にも同じような力があると思います。時代の移り変わりと共に本来の役目は果たし終えたカラー図版の数々。これらをあらためて見つめ直しても、当時の品々や景品が購入できるわけではありませんが、その時代の人々の憧れや欲望を瞬時にして〝ダイナミックに追体験〟できる希有な再現装置《シミュレーター》として広告に勝るものはないと確信しています。雑誌広告を媒介とした昭和四〇年代子供社会への時間旅行をしばしお楽しみ下さい。

本書企画構成者　おおこしたかのぶ・ほうとうひろし

第１章
お菓子

ホッペがふくらむ
大きなキャラメル★クリーム大粒★ナッツ大粒★チョコレート大粒★コーヒー大粒　味もグンと大きくなりました。
新発売
明治キャラメル大粒
20円

このツツミ紙が
鉄腕
アトム・シール
になります
アトムたちの活躍場面は、いっぱいふえました
20円
明治
鉄腕アトム
ガム
ガムの味は本当においしいジューシーな香りと甘さ。アトム・シールやマジックプリントといっしょに楽しめます。
明治
鉄腕アトム
ガム
おまけ付
明治
鉄腕アトム
ガム
おまけ付
ガムは紙につつんでくずかごへおすて下さい
明治
鉄腕
アトム
ガム
マジック
プリント
のオマケつき
10円

動くアトムスクリーンつき
明治
鉄腕アトム
マーブルチョコレート30円
セロファンをまわすとアトムやウランやお茶の水博士たちがニギヤカに動き出しますヨ。
明治
鉄腕アトム
マーブルチョコレート
ポンとあけると
ごきげんになっちゃう
1ツブ、1ツブ色がついている。
全部で7色。たべたり、ながめたり
たのしさもイロイロ…………
明治
マーブル
マジックプリントつき
明治
マーブル
チョコレート30円
コスレバうつる·フシギなカラー印刷、鉛筆ケースや机やカバンに…
ピタリ、ペタリ……

鉄腕アトム

マーブル・ピッコロで

レーシングカー セット

豪華レーシングカーセットをプレゼントします。毎週 1,000名様です。お宅に白熱のオートレース場がつくれます。家中みんなで楽しめます。明治鉄腕アトムマーブル・明治ピッコロを食べて，どうぞご応募ください。

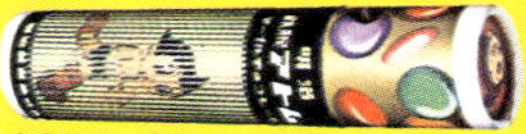

おなじみ…ボン！マーブルチョコ！　ニギヤカ好きの現代っ子向き７色のチョコ
明治鉄腕アトムマーブルチョコレート30円

ピーナッツをチョコレートとお砂糖でくるんだところが食べどころ　７色のお化粧をしたところが見せどころ
明治ピッコロチョコレート　50円

毎週1,000名様に当る！

ご応募の方法は

明治鉄腕アトムマーブルのふた又は**明治ピッコロ**の箱**100円分〈アトムマーブルなら３コ〉**をつぶしてお送り下さい。１００円分を１口として抽せんで毎週1,000名様にレーシングカーセットをさしあげます。お１人で何口でもご応募できます。
〈おところ・お名前はハッキリ〉

★送り先…東京・京橋局私書箱１９０号明治製菓レーシングカー係

★締切り…毎週土曜日に締切り。火曜日に警察官立合いの上厳正に抽せんいたします。抽せん券は発行いたしません。
最終締切りは８月28日（土）当日消印有効

★発　表…賞品の発送をもってかえさせていただきます。

★プレゼントするレーシングカーセットは明治が選んだ最高級品です。

今世界中で大評判！

●自動車レースのスリルを室内で味わえます
●電燈線に直結して使えます
●安全です　丈夫です　取付け操作はカンタンです　お子さまでも楽に扱えます
●これだけそろったセットです

レースカー	縮尺1/40	2
トランス		1
スピードコントローラー		2
直トラック		4
曲トラック		11
ターミナルトラック		1
クロストラック		1
ガードレール		12
ビ　ス		17
リード線		1
ドライバー		1

（ほかのトラックとつないでいくと　いろいろな形のレース場がつくれます）

新発売！

コロコロ人形《にんぎょう》が一箱《はこ》に一つづつ……

森永 ケン キャラメル

「狼少年《おおかみしょうねん》ケン」の人気者《にんきもの》がズラリせいぞろい…フッと吹《ふ》くとクルクルクルッー　ひっくりかえしてもピョコン　コロコロコローッゆかいな遊《あそ》びができますよ……

● 10円《えん》

シスコ Cisco
ふしぎな
プリンスチョコレートで宇宙ゴマ
みんなにチャンス！
＊プリンスチョコで
第七艦隊パズル
ふしぎな宇宙ゴマ
シスコン王子のアーチュリー
＊少年保安官チョコで
少年保安官手帳
ボーイスカーフ
テンガロンハット
＊ふしぎな　宇宙《うちゅう》ゴマは
ふつうにまわすと　中の色がどんどん
かわります●ひっくりかえして　つな
にのせるとつなわたり●ほそい棒の先
にくぼみをつけてまわすと　よこにな
ってまわりおちません
★どんどん食べてゆかいに遊ぼう！
シスコン王子の洋弓
（アーチュリー）
10えん
20えん
10えん
夢のシスコプリンスチョコレート
20えん
テンガロンハット
ボーイスカーフ
100えん
少年保安官手帳
■くわしいことは　チョコレート
にかいてあります　よくよんで
どんどん送ってください　送って
くださった方みんながもらえます
シスコ 株式会社
大阪府堺市石津北町00番地
第七艦隊絵合せ
パズル

《宇《う》宙《ちゅう》少《しょう》年《ねん》ソラン》放《ほう》送《そう》記《き》念《ねん》大《だい》々《だい》けんしょう！

まい週《しゅう》抽《ちゅう》せんで 10,000名《めい》様《さま》に

新《あたら》しい ソランペナント

毎週《まいしゅう》毎週《まいしゅう》つづけて
どんどん増《ふ》やそう！

TV《テレビ》まんが『宇宙少年《うちゅうしょうねん》ソラン』でまい週《しゅう》かつやくするカッコいいスターたちが、つぎつぎペナントにとう場《じょう》します。（どのスターがペナントになるかは、まい週《しゅう》の『宇宙少年《うちゅうしょうねん》ソラン』で発表《はっぴょう》します。かならず見《み》てください！）

申しこみかた

- 森永キャラメル50円分またはスキップチョコレート50円分を一口として、何口でも申しこめます。（まい週の『宇宙少年ソラン』を見て、どのスターのペナントがほしいかをかいてください。）
- 送りさき――東京・高輪局・私書箱20号　森永ソランペナント係
- さいごのシメキリ――7月31日
- きみの住所と名まえをわすれずに。

森永
キャラメル
スキップ

森永製菓提供
宇宙少年ソラン

★毎週火曜日(よる)7時～7時30分・TBS(東京)・ABC(大阪)・CBC(名古屋)・RKB(福岡)・HBC(札幌)・IBC(盛岡)・TBC(仙台)・SBC(長野)・SBS(静岡)・BSN(新潟)・MRO(金沢)・RCC(広島)・RSK(岡山)・BSS(米子)・OBS(大分)・NBC(長崎)・MRT(宮崎)・MBC(鹿児島)・RAB(青森)・YBC(山形)・YBS(甲府)・FBC(福井)・KRY(山口)・JRT(徳島)・RNB(松山)・RKC(高知)・NKT(鳥取)★毎週月曜日(よる)7時30分～8時・KNB(富山)・ABS(秋田)★毎週水曜日(よる)6時～6時30分RKK(熊本)
★毎週金曜日(よる)6時15分～6時45分・FTV(福島)

ポンポンロケットつき
おまちどうさま…人気者《にんきもの》ソランが
テレビからとびだした！　バナナ
そのままの味《あじ》と香《かお》りが　はいって
グーンとおいしくなりました……
おまけはユカイなポンポンロケット
お空《そら》に向《む》けて　ポン　ポン
ねらいをさだめて　ポンッ！
遠《とお》く　高《たか》くだれが１番《ばん》かな？
森永ソラン
天然《てんねん》バナナ入《い》り／キャラメル
森永
ソラン
キャラメル
ポンポン
とばそう…
森永製菓株式会社

ハイクラウン・ハイセンス・プレゼント

♥ハイクラウンで世界のパースを！♥

地球上の全女性がコッている…パース・コレクション

森永製菓株式会社

●ハイクラウンの保証カード３枚で…

火曜日抽せん **毎週 2,000名様**

●ご応募《おうぼ》　森永ハイクラウンの保証《ほしょう》カード３枚１口として　お一人何口でも…

●最終〆切《さいしゅうしめき》り　11月24日消印有効《けしいんゆうこう》

●送《おく》り先《さき》　東京《とうきょう》・高輪局《たかなわきょく》・私書箱《ししょばこ》00号《ごう》
森永ハイクラウン・プレゼント係《かかり》
封筒にご住所・ご氏名・口数を明記してください

●発表《はっぴょう》　毎週火曜日抽《ちゅう》せん　賞品発送《しょうひんはっそう》をもって発表にかえます。

森永ハイクラウン

チョコレート　—７０円—

パーティ・バッグ風フレンチパース　口金《くちがね》の大きなドイツ製《せい》・スウェーデン刺《し》しゅうの本場《ほんば》もの（これは貴重《きちょう》…一粒一粒《ひとつぶひとつぶ》針《はり》で拾《ひろ》い上げたビーズパース）珍《めずら》しい処《ところ》では　メキシコ・モロッコ・スペインの民芸《みんげい》パース　チロルパンツをデザインしたコイン入れ…などイロイロ…　さて　あなたにはドコの国のパースが当《あ》たるでしょう？

皮の種類は最高級のコードバン・シープ・キッド・トータス・スエードほか

チロルの鳥寄《とりよ》せ笛《ぶえ》〈ピーパー〉をさしあげます

きみも鳥寄《とりよ》せの名人《めいじん》になれる！

●オーストリア・チロル地方《ちほう》の人《ひと》びとは《ピーパー》で小鳥《ことり》を集《あつ》めて楽《たの》しんでいます《ピーパー》のペコちゃん、ポコちゃんの頭《あたま》をもってキュッ、キュッとまわすと、可愛《かわ》いい小鳥《ことり》のさえずりがおもいのまま。きみも《ピーパー》で小鳥《ことり》を集《あつ》めてみませんか。

●お友《とも》だちと〈小鳥《ことり》の鳴《な》き声《ごえ》〉でサインをつくりましょう。仲《なか》よしのお友《とも》だちの家《いえ》をたずねて《ピーパー》で合図《あいず》するのも楽《たの》しいですね。他《ほか》にもいろいろ遊《あそ》べます。みんなで工夫《くふう》してください。

●応募《おうぼ》の仕方《しかた》
ペコ・ポコチョコレート　ダブルチョコレートのラベル、または**カラフルチョコレート**の底《そこ》ぶた120円分《えんぶん》を１口《くち》として送《おく》ってください。
応募者《おうぼしゃ》が多数《たすう》のときはちゅうせんで、毎週《まいしゅう》50,000名《めい》の方《かた》にさしあげます。

●送《おく》り先《さき》
東京《とうきょう》・京橋局区内《きょうばしきょくくない》不二家《ふじや》ペコ・ポコ係《がかり》

●しめ切《きり》
6月《がつ》30日《にち》（30日《にち》の消印《けしいん》まで有効《ゆうこう》）

FUJIYA 不二家

ペコポコチョコレート

20えん

新発売 オバQ《キュー》フーセンガム

10えん

Qちゃんをおいしくふくらまそう！

●動く《オバQ《キュー》キーホルダー》をもらおう！
オバQガムの外つつみ紙10枚（100円分）を１口とし
１口につき10円切手１枚を同封して送って下さい
Qちゃんが動く　すてきなキーホルダーをさしあげます
送り先　東京・京橋局区内不二家Qちゃん係

●〈水絵〉と〈合わせ絵〉のおまけつき
ガムのラベルを水につけると、ゆかいなQちゃんのマンガが、パッととびだしてきます
ガムのつつみ紙は、楽しい動物の合わせ絵
お友だちと動物をあてっこしてみませんか

FUJIYA 不二家

オバQ《キュー》シリーズ
Qちゃんをたのしくふくらまそう！
動くオバQ
《キーホルダー》を
もらおう！
不二家
おばけのQちゃん
《新発売《しんはつばい》》
オバQカラフルチョコレート
オバQふうせん〉のおまけつき
30えん
オバQフーセンガム 10えん
たのしい〈オバQおまけ〉がいろいろ
●応募の仕方
オバQフーセンガムの外のつつみ紙かオバQカラフルチョコレートの底ぶた100円分を1口として送ってください。毎週10,000名の方にQちゃんがうごくすてきなキーホルダーをさしあげます。
送り先　東京・京橋局区内不二家Qちゃん係
しめ切　40年8月31日(当日の消印まで有効)
オバQ フーセンガム
不二家
オバQ キュー
カラフルチョコレート
FUJIYA 不二家

毎週
500名さまに
オバQ
テープレコーダーをさしあげます

オバQテープレコーダーで
楽《たの》しく勉強《べんきょう》！ゆかいに遊《あそ》ぼう！

小《ちい》さくてスマート！トランジスター式《しき》どこでも、だれでも、かんたんに録音《ろくおん》できます。勉強《べんきょう》に遊《あそ》びに楽《たの》しく使《つか》えて　たいへん　便利《べんり》です。オバQテープレコーダーをあなたのマスコットにどうぞ。

オバQ《キュー》チョコレート　20えん
ひとくちたべると、またたべたくなるおいしいチョコ

オバQ《キュー》フーセンガム　10えん
おいしくて、よくふくらむ たのしさいっぱいのガム

■応募《おうぼ》の仕方《しかた》

オバQチョコレート・オバQガムなどオバQ製品《せいひん》のつつみ紙《がみ》・底《そこ》ぶたまたはラベルなど100円分《えんぶん》を1口《くち》として送《おく》ってください。抽《ちゅう》せんで毎週《まいしゅう》500名《めい》さまにオバQテープレコーダーをさしあげます。

送《おく》り先《さき》　東京《とうきょう》・京橋局区内《きょうばしきょくくない》不二家《ふじや》オバQ・㋚係
しめ切《きり》　40年《ねん》11月《がつ》30日《にち》　当日《とうじつ》の消印有効《けしいんゆうこう》

オバQシリーズには、たのしい〈オバQオマケ〉がいろいろはいっています

FUJIYA 不二家

おそ松くんペナントが当る!!
おそ松くん
おそ松くん
おそ松くん
コビト
おそ松くん
チョコレート
¥10
東京渡辺製菓K.K.

毎週500名さまに
《おそ松くんシネコルト》が当たる!!

コルト銃《じゅう》型の映写機です。天然色フィルムが24コマ入っていますから、引きがねを引くとゆかいなおそ松くんやチビ太がパッパッと映ります。

■送り方　おそ松くんチョコレートのラベル10枚をお送りください。10枚を1口として抽せんで毎週 500名さまに《おそ松くんシネコルト》をさしあげます。

■発表は景品発送をもってかえさせていただきます。

そのほかカード合わせで景品をもらおう！

5組で おそ松くんパズル

1組で 赤塚先生サイン入り色紙

1組でおそ松くん ハッスルゴマ

3組で おそ松くんタオル

3組で おそ松くん マイクロブック

5組でおそ松くんトランプ

ラベルのうらに「おそ松」「から松」「チョロ松」がいんさつしてあります兄弟3人そろって1組です。

■送り先　東京都板橋局私書箱28号
コビト「おそ松くんチョコレート」係

■10円切手をかならず同封してください

¥10

新

コビト チョコレート

おそ松くん

株式会社コビト

おそ松くん　指人形が当る
コビトおそ松くん
フーセンガム
¥10
東京渡辺製菓K.K.
おそ松くん
フーセンガム
あたらしい景品ができたざんす。
ミーはとってもよろこんでいるざんす
おフランスでミーは指人形のべんきょうしたざんす。ほんとざんす。シェー
ちょっと動かして、あそんでちょ——
1組で、おそ松くん指人形かペナント
3組で、おそ松くんドル入れかタオル
5組で、おそ松くんマジックボーか
パズル
10組で、おそ松くんシャツ（大・中・小）

丸出だめ夫のカット入り

マジックレンズが当る!

新発売

10円

（4色のカラーレンズ）

フルヤ

丸出だめ夫ガム

ダブル賞と応募方法

● ダブル賞

だめ夫ガムの包装紙 100円分で0点ハンカチ。

だめ夫ガムの包装紙 200円分で0点手帳。

だめ夫ガムの包装紙 300円分で0点めがね。

●送り先

めがねは20円分、手帳・ハンカチは10円切手を同封して、

東京都下谷局区内古谷製菓「丸出だめ夫」係。

● 景品引換期限　昭和40年12月31日まで

東京 古谷製菓株式会社 札幌

新発売
フルヤ
丸出だめ夫
キャラメル
10円
フルヤ
丸出だめ夫 キャラメル
おまけいり
丸出だめ夫の
十字しゅりけんめんこ
〈パッチ〉
丸出だめ夫のカット入り
マジックレンズが当る!
10円
(4色のカラーレンズ)
フルヤ
丸出だめ夫 ガム
ダブル賞と応募方法
●ダブル賞
だめ夫ガムの包装紙 100円分で0点ハンカチ。
だめ夫ガムの包装紙 200円分で0点手帳。
だめ夫ガムの包装紙 300円分で0点めがね。
●送り先
めがねは20円分、手帳・ハンカチは10円切手
を同封して、
東京都下谷局区内古谷製菓「丸出だめ夫」係。
●景品引換期限 昭和40年12月31日まで
東京 古谷製菓株式会社 札幌

おれは ジャイアンツ《ミスター》だぞ
ジャイアンツ《ミスター》
LOTTE
ロッテ ジャイアンツ《ミスター》ガム
3枚入
10エン
巨人軍のペットが
フーセンガムになりました
よろしくネ…
ジャイアンツ《ミスター》ガムで
たのしい景品！
★サインボール★ペナント★シール
★シール
ゆかいな
ジャイアンツシール
★ペナント賞
GIANTS
巨人軍選手サイン入り
ペナント
ロッテ
ペナント賞
★ロッテ賞
ジャイアンツ《ミスター》ガムでたのしい景品！
☆サインボール☆ペナント☆シール
ロッテ賞は
ロ・ッ・テを一組にし、ペナント賞は
そのままお送り下さい、景品をお送りいたします。
王　長嶋　金田……
巨人軍選手の
サインボール
テレビでも
ばくはつ的な人気!!
W《ワンダー》3《スリー》
フジテレビ（東京）他全国30局ネット
提供ロッテ

ホームラン
大懸賞
当たる!!
毎月1,000名様に
〈王・長島・金田選手〉
サインボール
〈王選手サイン入り〉
バット型万年筆
●応募方法：２ボールチョコレートの包装紙10枚を送ってください。
●抽せん：昭和40年11月・12月の各月末しめきりで２回抽せんします。
●送り先：大阪市北区牛丸町55ナガサキヤサインボール係
（当せん発表は賞品発送をもって替えさせていただきます）
ナガサキヤ／札幌・東京・名古屋・京都・大阪・神戸・福岡
SONY
ナガサキヤ
1コ5円
2《ツー》ボールチョコレート
ジャイアンツ
長島
王
金田
サイン入り
全国有名デパート、小売店でお求め下さい

新高製菓
シールがあそべる
ひょっこりひょうたんドロップ
ニイタカ
ひょっこりひょうたん
ドロップ
10えん
でましたよ!!
シールがいっぱい！
おまけもいっぱい！
おなじみひょっこりひょうたん島のなかまをえがいたシールがあそべます。　その上おまけ付!!　これまたひょっこりひょうたん島でいっぱいの、いろいろなおまけがもらえます。ストロベリー・レモン・パイン・オレンジドロップのウララベル4枚で1くみです。たくさんあつめてどしどし送って下さい。
2くみ — レコード
5くみ — ハンカチ
10くみ — スケッチブックセット
12くみ — ノリタケコップ
15くみ — 大型人形
20くみ — 水筒
25くみ — 高級トランプまたは24色高級色鉛筆
30くみ — ジャンバーシャツ
ニイタカ
ひょっこりひょうたん
ドロップ
★ひょっこりひょうたん島のソノシートを1.000名さまに
右下の引かえ券をハガキにはって送って下さい。抽せんで1,000名さまにさしあげます。なおソノシートの発送をもって発表にかえます。
送り先／東京都大森局区内　新高製菓(株)ソノシート係 ●あなたのおところ・おなまえ・おとしを書いて入れて下さい。
キリトリせん
引かえ券

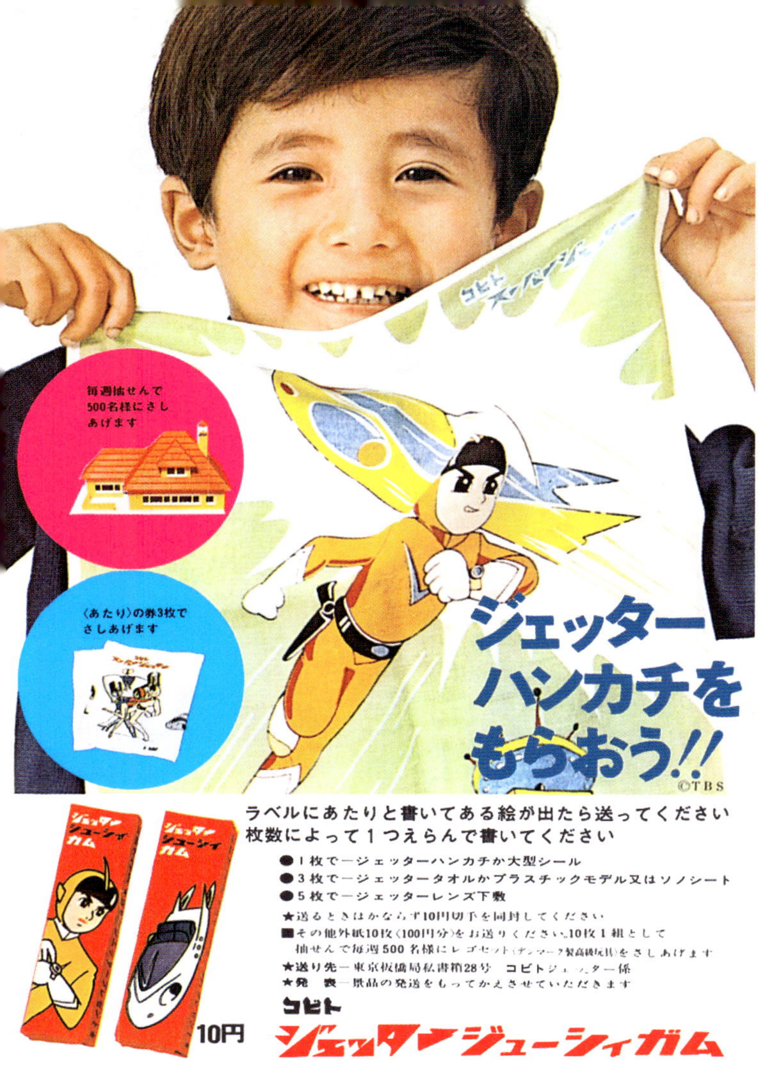

毎週抽せんで
500名様にさし
あげます
〈あたり〉の券3枚で
さしあげます
ジェッター
ハンカチを
もらおう!!
©TBS
ラベルにあたりと書いてある絵が出たら送ってください
枚数によって1つえらんで書いてください
●1枚で―ジェッターハンカチか大型シール
●3枚で―ジェッタータオルかプラスチックモデル又はソノシート
●5枚で―ジェッターレンズ下敷
★送るときはかならず10円切手を同封してください
■その他外紙10枚〈100円分〉をお送りください。10枚1組として
抽せんで毎週500名様にレゴセット(デンマーク製高級玩具)をさしあげます
★送り先―東京板橋局私書箱28号　コビトジェッター係
★発　表―景品の発送をもってかえさせていただきます
コビト
10円
ジェッターマジューシィガム

でたヨ.!!

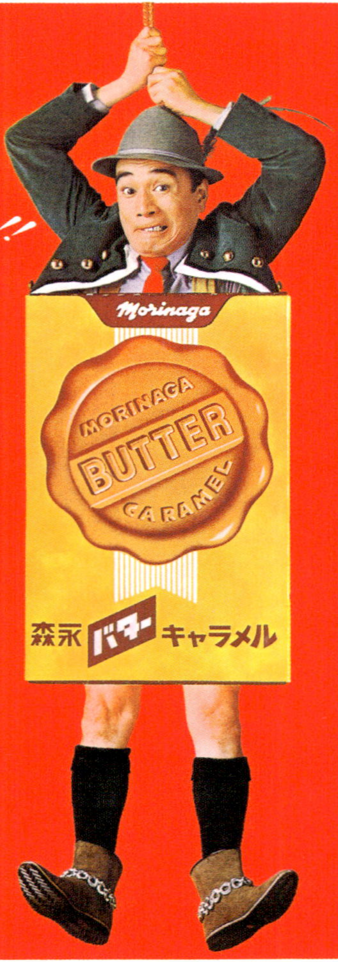

おかあさんに聞いてごらん。きっと、バターキャラメルなら、いいっていうから。
もし、ダメといったら、こうせつめいしてごらん
バターキャラメルは、バターがいっぱい入っているんだ。どうせたべるんなら、えいようのあるほうが、いいでしょうって……。

新発売!
★30円★
森永バターキャラメル

森永製菓株式会社

ポイ ポイ ポイ メイジのボールはオイシイね
ポイ ポイ ポイ ポイ
たのしくなっちゃうね
ポイ ポイ ポイ ポイ
ひとりでたべちゃ
もったいない
友だちこないかな
Meiji
Peanut
CHOCOLATE
Ball
●ピーナッツ
ポリポリたのしいピーナッツ入りボール
●レーズン
あまずっぱいほしぶどう入りボール
●ポポロ
サクサクッとしたソフトなキャンデー入り
明治チョコレート
ボール
30円・50円

森永製菓株式会社
さあ 宇宙旅行《うちゅうりょこう》　ピョーンと飛《と》びだす　ジェット円盤《えんばん》
あか・あお・きいろ まるでおとぎの国《くに》よ きれいに見えるマジックスコープ
ほう すごい音じゃ　ビューンと行こう　ビュンビュン宇宙艦
ソラン君《くん》 ミカ チャッピー　おや ワシのもあるぞ　これはゆかいソランバッジ
おなじみポンポンロケット　大宇宙《だいうちゅう》をかけめぐる圧縮推進ロケットです ボーンッ
ユビワのフタをポンと開《あ》けてみよう…ホウラ中《なか》には小《ちい》さなヒミツスタンプ
森永
ソラン
キャラメル
20円
おまけがどんどんふえている！
さぁ お楽《たの》しみ！テレビで
おなじみソランキャラメル
いまオマケがどんどんふえ
てまぁーす…ナニが出《で》てくる
かな さぁさぁ お楽《たの》しみ
ダブルサービス
パノラマペンがもらえる！
ソランキャラメルの中《なか》から〈申《もう》し込み券《けん》〉が出《で》てきたら新式《しんしき》パノラマペンをもらおう…………！
森永ソラン
天然《てんねん》バナナ入り／キャラメル
●パノラマの中《なか》をソランがはしる とぶ…新式《しんしき》パノラマペン

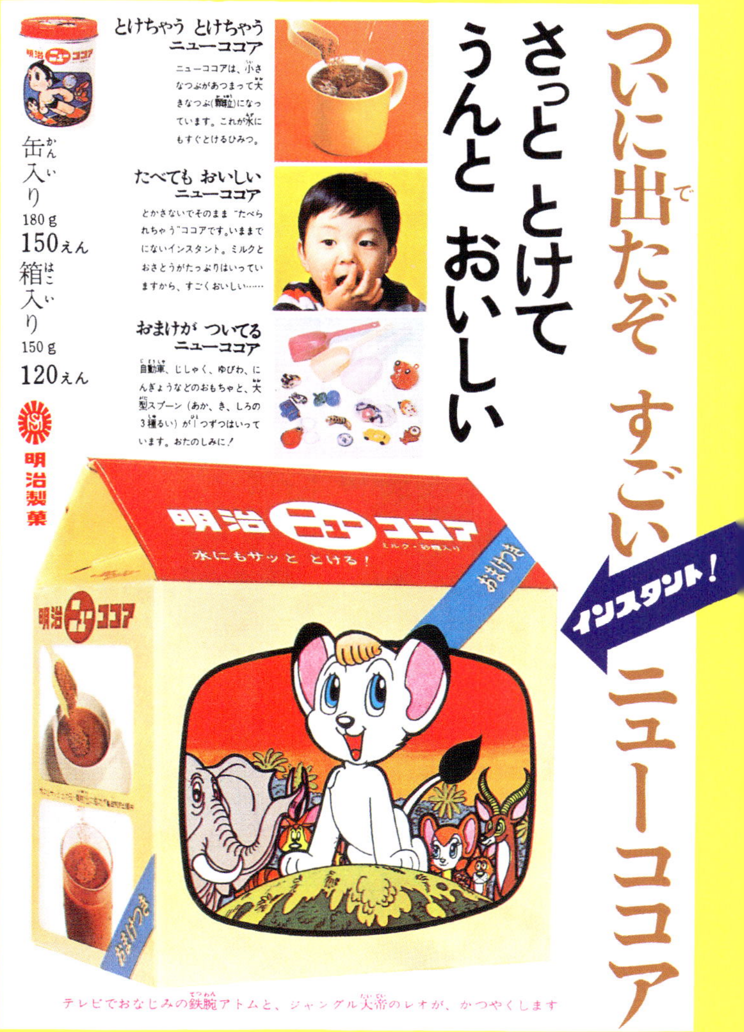
ついに出《で》たぞ　すごい
ニューココア
インスタント！
さっと　とけて
うんと　おいしい
とけちゃう　とけちゃう
ニューココア
ニューココアは、小《ちい》さなつぶがあつまって大《おお》きなつぶ(顆粒《かりゅう》)になっています。これが水《みず》にもすぐとけるひみつ。
たべても　おいしい
ニューココア
とかさないでそのまま“たべられちゃう”ココアです。いままでにないインスタント。ミルクとおさとうがたっぷりはいっていますから、すごくおいしい……
おまけが　ついてる
ニューココア
自動車《じどうしゃ》、じしゃく、ゆびわ、にんぎょうなどのおもちゃと、大《おお》型《がた》スプーン（あか、き、しろの3種《しゅ》るい）が1《ひと》つずつはいっています。おたのしみに！
缶《かん》入《い》り
180g
150えん
箱《はこ》入《い》り
150g
120えん
明治製菓
明治ニューココア
ミルク・砂糖入り
水にもサッと　とける！
おまけつき
明治ニューココア
テレビでおなじみの鉄腕《てつわん》アトムと、ジャングル大帝《たいてい》のレオが、かつやくします

森永スキップとチョコボールで

アマゾンの緑ガメをあげます!

火《か》曜《よう》日《び》抽《ちゅう》せん●毎週《まいしゅう》3,000名様《めいさま》

★世界《せかい》でも珍《めずら》しい　愛玩用《あいがんよう》のカメさん。 大《おお》きさは4センチから5センチ。 コウラは美《うつく》しい緑色《みどりいろ》。アマゾンやミシシッピーから海《うみ》を越《こ》えて…到着《とうちゃく》!

★上野《うえの》水族館《すいぞくかん》飼育係長《しいくかかりちょう》　杉浦宏先生《すぎうらひろしせんせい》

緑《みどり》ガメは　可愛《かわい》くて丈夫《じょうぶ》なので　世界中《せかいじゅう》の動《どう》物愛好家《ぶつあいこうか》が　ペットにしています。

★応募方法《おうぼほうほう》　森永《もりなが》スキップ・森永《もりなが》チョコボール・森永《もりなが》ピーナッツチョコボールの空箱《あきばこ》100円分《えんぶん》で1口《くち》です。　30円《えん》の製品《せいひん》は3箱分《はこぶん》でも1口《くち》。

−90円−

★最終メ切《さいしゅうしめきり》　8月14日（消印有効《けしいんゆうこう》）

★送《おく》り先《さき》　東京《とうきょう》・高輪局《たかなわきょく》・私書箱《ししょばこ》20号《ごう》
森永《もりなが》チョコレート係《かかり》

●当選《とうせん》した方《かた》にはカメさんを㈱東京水族館《とうきょうすいぞくかん》から責任《せきにん》をもってお宅《たく》へ直送《ちょくそう》いたします。

森永チョコレートボール
森永ピーナッツチョコボール　30円《えん》

森永スキップ30円・50円

アマーイ
スッパイ!
スゥーッとする 水玉きょうだい
おそろいのかわいい水玉《みずたま》もよう。お口《くち》にひろがるアマズッパサもおんなじ……明治《めいじ》のヨーグルトコンビ《キャラメルとガム》のさわやかな味《あじ》が、この夏《なつ》、あなたのおともだちです。仲良《なかよ》しになってくださいネ!
明治
ヨーグルト
キャラメル
新発売《しんはつばい》
明治
ヨーグルト
チューイングガム
明治ヨーグルト
キャラメル・ガム
20えん
明治製菓

Q《キュー》ちゃんの絵《え》をかいてすぐおくろう！

オバQ《キュー》お菓子《かし》のつつみ紙《がみ》や
テレビマンガ〈オバケのQ太郎《きゅうたろう》〉が
参考《さんこう》になるよ

オバQ《キュー》といっしょに
ケニヤ《アフリカ》へ行こう！

エジプトのピラミッドも見《み》られるよ

インド航空《こうくう》は空《そら》とぶジュウタンです

協力《きょうりょく》・インド航空《こうくう》

特賞《とくしょう》
10名様《めいさま》をご家族《かぞく》づれで（2人《ふたり》1組《ひとくみ》を5組《くみ》）アフリカのケニヤ自然動物園《しぜんどうぶつえん》にご招待《しょうたい》します（4月出発《がつしゅっぱつ》）

副賞《ふくしょう》フジカシングル8・セット

1等《とう》
オバQパンチミー──10.000名《めい》さま
（大型《おおがた》の起《お》き上《あが》り人形《にんぎょう》）

2等《とう》 オバQ絵《え》ハガキセット
毎週《まいしゅう》10.000名《めい》さまに抽《ちゅう》せんでさしあげます

●応募《おうぼ》の仕方《しかた》／私製《しせい》か官製《かんせい》ハガキ（封書《ふうしょ》はご遠慮《えんりょ》ください）にオバQの絵《え》をかいておくってください
1人《ひとり》で何枚《なんまい》でも応募《おうぼ》できます
●審査員《しんさいん》／藤子不二雄先生《ふじこふじおせんせい》ほか
●送《おく》り先《さき》／東京《とうきょう》・京橋局区内《きょうばしきょくくない》
不二家《ふじや》オバQ㋮係《がかり》
●しめ切《きり》／41年《ねん》3月《がつ》31日《にち》
（当日消印有効《とうじつけしいんゆうこう》）
●発表《はっぴょう》 特賞《とくしょう》は4月上旬《じょうじゅん》
1等《とう》・2等《とう》は賞品《しょうひん》の発送《はっそう》をもって発表《はっぴょう》にかえます

（皆様《みなさま》の応募作品《おうぼさくひん》は返却《へんきゃく》しませんのでご了承《りょうしょう》ください）

FUJIYA 不二家

Q《キュー》ちゃんとオトギの国デンマークへ行こう
しめ切《き》り迫《せま》る!
一等・バケラッタ布地《ぬのじ》でつくった浴衣《ゆかた》
Qちゃんの絵《え》をかいて、すぐ送《おく》ろう(P子《ピー》ちゃんの絵《え》でもいいよ)
インド航空《こうくう》は空《そら》とぶジュウタンです
特賞《とくしょう》
10名《めい》さまをアンデルセンで有名《ゆうめい》なオトギの国《くに》・デンマークにご招待《しょうたい》します(8月出発《がつしゅっぱつ》)
二等・バケラッタ絵はがき
1等《とう》
バケラッタ布地《ぬのじ》
(オバQプリント模様《もよう》で、浴衣《ゆかた》、アロハシャツ、ワンピースなどがつくれます)
オバQ音頭《おんど》フォノシート付《つき》
10,000名《めい》さま
2等《とう》
バケラッタ絵《え》はがき
藤子不二雄先生《ふじこふじおせんせい》サイン入《い》り
毎週《まいしゅう》10,000名《めい》さまに抽《ちゅう》せんでさしあげます。
オバQピーナッツカッコロ30えん
オバQキャンデー10えん
オバQガム10えん
オバQカラフルチョコレート30えん
★しめ切《きり》
41年《ねん》7月《がつ》31日《にち》(当日消印有効《とうじつけしいんゆうこう》)
★審査員《しんさいん》
藤子不二雄先生《ふじこふじおせんせい》ほか
★送り先《おくさき》
東京《とうきょう》・京橋局区内不二家《きょうばしきょくくないふじや》
オバQ㋚係《がかり》
★発表《はっぴょう》
8月上旬《がつじょうじゅん》。1等《とう》・2等《とう》は賞品《しょうひん》の発送《はっそう》をもってかえさせていただきます
エア・インド航空
コペンハーゲン
モスコー
ロンドン
フランクフルト
ベイルート
デリー
東京
香港
応募《おうぼ》のしかた/私製《しせい》または官製《かんせい》はがき(封書《ふうしょ》はごえんりょください)に、Qちゃんの絵《え》をかいて送《おく》ってください。
FUJIYA 不二家
(皆さんの応募作品《おうぼさくひん》は返却《へんきゃく》しませんのでご了承《りょうしょう》ください)

当《あた》る
オバQ《キュー》ラジオコントロール人形《にんぎょう》が
毎週《まいしゅう》500名《めい》さま!!
11月《がつ》30日《にち》が
しめ切《きり》だョ
はやく送《おく》ってネ
オバQ賞
オバQ
ラジオ
コントロール人形《にんぎょう》
(オバQマーチ入《い》り)
抽《ちゅう》せんで毎週《まいしゅう》500名《めい》さま
(ユカイなオバQ人形《にんぎょう》が ラジオコントロール
で歌《うた》ったり踊《おど》ったり…)
P子賞
オバQマーチ
フォノシート
抽《ちゅう》せんで毎週《まいしゅう》10,000名《めい》さま
(軽快《けいかい》なオバQマーチを、
皆《みな》さんいっしょに歌《うた》ってネ)
★応募《おうぼ》のしかた
不二家《ふじや》オバQお菓子《かし》の包《つつ》み紙《がみ》
150円分《えんぶん》を封筒《ふうとう》に入《い》れて送《おく》ってください
(チョコ製品を除《のぞ》く)(住所《じゅうしょ》・氏名《しめい》・年令《ねんれい》を
必《かなら》ず記入《きにゅう》してください)
★送《おく》り先《さき》 東京《とうきょう》・京橋局区内不二家《きょうはしきょくくないふじや》
オバQ㋚係《かかり》
★しめ切《きり》 41年《ねん》11月《がつ》30日《にち》
(当日消印有効《とうじつけしいんゆうこう》)
★発表《はっぴょう》 賞品《しょうひん》の発送《はっそう》をもって発表《はっぴょう》に
かえさせていただきます。
P子《ピーこ》ガム 10えん
オバQキャラメル 20えん
オバQガム 10えん
オバQキャンデー 10えん
おまけいり
マジック オバQ ガム
オバQ キャラメル
オバQ キューキャンデー 10円
FUJIYA 不二家

白バイヘルメットが
毎週500名さまに当たる
ウーウーウー
音も出る
ウーウー
新発売
ヘルメットのヨコのスイッチを押すと
白バイと同じようにサイレンが鳴ります
■送り方／コビトシェーガムの外包紙10枚
を1口として、抽せんで毎週500名さま
に《白バイヘルメット》をさしあげます
■発　表／賞品発送をもってかえます
そのほかカード合わせで景品をもらおう
ラベルのうらに「おそ松」「カラ松」
「チョロ松」がいんさつしてあります。
兄弟3人そろって1組です。
1組で　おそ松くんハッスルゴマか
赤塚先生サイン入り色紙
3組で　おそ松くんマイクロブックかタオル
5組で　おそ松くんトランプかパズル
■組数によって1つえらんで書いてください
■送り先　東京都板橋局私書箱28号
コビト　シェーガム係
●10円切手をかならず同封してください
コビト
シェーガム
コビト
シェーガム
コビト
フーセン
シェーガム
¥10
株式会社コビト

毎週・毎週300名さまに!

クルクル3色の光! ボロット電気スタンド

★ボロット電気スタンド

応募のしかた

★フルヤ"丸出だめ夫・ボロット"製品(チョコレート・20えん　キャラメル・20えん・10えん　ガム・10えん　乳菓・10えん)100円分の外つつみ紙を1口として、お送りください。
★抽せんにより毎週300名様に、くるくる3色の光がでる、すばらしいボロット電気スタンドをさしあげます。
★送り先・東京都下谷局区内
(北海道地区の方は)札幌中央局区内
古谷製菓ボロット係
★期間・9月15日より12月中旬まで
毎週火曜日しめ切り

★丸出だめ夫チョコレート・20えん

★丸出だめ夫乳菓・10えん

★丸出だめ夫ガム・10えん

ボロットガム・10えん

★丸出だめ夫キャラメル・20えん 10えん

FURUYA 古谷製菓

シスコ
ウルトラマン
チョコレートで
科学特捜隊《かがくとくそうたい》の
流星バッジをもらおう!
ラジオ
コントロールカーをもらおう!
フラッシュビーム型
ライトボールペンをもらおう!
Cisco
ウルトラ2大《だい》けん賞《しょう》　その1
★ズバリ賞《しょう》
ズバリカードに当《あ》った方《かた》には、カッコいい科学特捜隊の流星バッジや、ウルトラマンの秘密、フラッシュビーム型のライトボールペンをさしあげます。
●流星バッジ賞　流星バッジのラベル1枚に15円切手をいれてお送《おく》りください。
●フラッシュビーム賞《しょう》　フラッシュビームのラベル1枚に40円切手をいれてお送《おく》りください。
★怪獣ラベル合《あ》わせウルトラマン賞《しょう》
チョコレートのラベルの内側にある①から⑤までの怪獣と⑥のウルトラマンの絵をあつめて台紙にはり200円切手をいれてお送《おく》りください。無線で操縦できるラジオコントロールカーをさしあげます。
■送り先　大阪堺局区内　シスコウルトラ大けん賞係
■発　表　景品発送をもってかえさせていただきます。
ウルトラ2大《だい》けん賞《しょう》　その2
ウルトラマンのシスコ製品150円分のラベルまたは外箱で、毎週1,000名さまに抽せんで次の景品をさしあげます。
①ラジオコントロールカー(学研製)……………10名
②フジペットEEカメラ……………………20名
③セイコーカレンダー付目覚時計…………20名
④おたのしみ賞…………………………950名
■期　間　昭和42年12月末日迄
Cisco　シスコ株式会社　東京・大阪・仙台 名古屋・福岡

＊ 愛読者プレゼント ＊
すてきなサマーバッグを
1,000名さまに差上げます

ロマンチックな絵がいっぱい

わたなべまさこ先生の　きれいな絵をのせた　たのしい夢のドロップができました。さわやかな　フルーツの味が　お口いっぱいにひろがります。きせかえ人形もついています。ロマンチックな少女の絵がいっぱいです。たくさんあつめてください。

ニイタカL《エル》ドロップ

右下の引かえ券をハガキにはって送ってください。抽せんで1,000名さまに差し上げます。なお賞品の発送をもって発表にかえます。
送り先／東京都大森局区内　新高製菓（株）マーガレット係●あなたのおところ・おなまえ・おとしを書いてください

キリトリせん
引かえ券
MR4108

カネボウ フーセン ハリス
だんぜんふくれる楽しいガム フーセン ハリスガム ￥10
カネボウ フーセン ジュース
宇宙エースのガム フーセン ジュース ハリスガム ￥10
スクールメイツ
恵 とも子
でっかく
ふくれる…
カネボウハリスの
フーセンガム
10円
発売元 カネボウハリス株式会社
●TV番組 少年SF冒険まんが〈宇宙エース〉毎週土曜日/午後6 15～6 45 フジテレビ系
繊維製品から化粧品まで 世界でただひとつ 総合の美をつくるカネボウ
鐘淵紡績株式會社

パンチマグマ人形であそぼう
〈新景品〉
LOTTE
MAGUMATAISHI FUSEN GUM
LOTTE
MAGUMATAISHI FUSEN
《新発売》
フーセンガム
ロッテ
マグマ大使ガム
3枚入／10円
10エン
みんなで歌おう！たのしく遊ぼう！
★マグマ大使（ガムのうた）の歌詞や
★ロッテパズルも入っています

すごい人気!
フルヤ
黄金バット
サワーキャンデー30えん
ますます好評!
カラフルなたのしさ!
お口の中にすずしさがいっぱい!
ポン!シューッ
飛ぶ
黄金バット
30円
サワー キャンデー
フルヤ
黄金バット
キャンデー
10円
黄金バット
キャンデー
10えん・50えん
黄金バット
キャンデー
100えん
フルヤ
黄金バット
キャラメル
黄金バット キャラメル
10えん・20えん
FURUYA
古谷製菓

シスコ
キャプテンウルトラ
ガム
チョコレート
シュピーゲル号を当てよう!
けんしょうつき　チョコピー　30えん
チョコボール　30えん
けんしょうつき
ナッツィスカッチ　30えん
チョコボール　30えん
けんしょうつき
マーブルガム　30えん
ウルトラハック容器入《ようきいり》
マーブルチョコ　30えん
ガムにはその場《ば》で当《あた》る
ウルトラマジックバッジがついてるよ
ガム　10えん
©
Cisco
シスコ 株式会社
東京・大阪・仙台・名古屋・福岡

©円谷プロ
シスコ ウルトラセブン
チョコで
ビディオシーバーを当てよう!
板チョコ
20えん
デラックスチョコ
20えん
ウルトラセブンラッキーカード5枚か、ウルトラホーク1号、2号、3号、
それにポインターの各補助券4枚1組を5組揃えたら、切手35円をそえて
送ってください。ビディオシーバーを差しあげます。
Cisco シスコ株式会社
東京・大阪・仙台・名古屋・福岡

シスコ
快獣《かいじゅう》ブースカガム
チョコレート
新発売《しんはつばい》
目玉《めだま》がクリクリッ…！
ブースカ人形がバラサバラサと当《あた》るぞ
サァーどんどん食《た》べて
ブースカ当《あ》てようね
チョコボール30えん
デラックスチョコ　20えん
板チョコ　20えん
みんなのだいすきな
ブースカのチョコや
ガムができたよ！
ガム　10えん
〔ズバリ賞《しょう》〕
●ブースカガム……あたり券《けん》が入《はい》っていたら、その場《ば》でブースカのミニチュア人形《にんぎょう》がもらえます。
●ブースカチョコレート……ズバリ券《けん》が入《はい》っていたら、シスコあてに送《おく》ってください。ブースカ人形《にんぎょう》をさしあげます。
●送《おく》り先《さき》……大阪堺局区内シスコ
「ブースカ係」
©円谷プロ
Cisco シスコ 株式会社　東京・大阪・仙台・名古屋・福岡

毎日毎日100名さまに・・・・
サンダーバードロケットが
当る!
おまけつき
コビト
サンダーバード
カラーボール
20えん
●サックのふたをきりとり
100円分をお送りください
抽せんで毎日毎日100名様
に、サンダーバードロケット
トかサンダーバードミュー
ジックブックをさしあげます。
●送り先
東京都板橋局私書箱28号
コビト「カラーボール」係
●発　表　賞品発送をもっ
てかえさせていただきます。
コビト
サンダーバード
カラーボール
株式会社コビト

悟空《ごくう》の
きんそう棒《ぼう》

わあー あたっちゃった
カッコイイ！

バラバラにすれば、
12のたのしい遊《あそ》び道具《どうぐ》
がギッシリ！　たとえば…
①すごい倍率《ばいりつ》のカッコイイ望遠鏡《ぼうえんきょう》
②金貨《きんか》や指《ゆび》わがいっぱいはいっている宝袋《たからぶくろ》
③どこでも方向《ほうこう》のわかるせいみつな羅針盤《らしんばん》
④のびちぢみする小型《こがた》きんそう棒《ぼう》つき絵巻物《えまきもの》
⑤あかるい懐中電灯《かいちゅうでんとう》……このほかのひみつは、
もらってからのおたのしみ！　金色《きんいろ》にひかる
スゴイきんそう棒《ぼう》はあなたのものです。
どんどん応募《おうぼ》してもらっちゃおう！

毎週《まいしゅう》5.000名《めい》さまに、たのしい《悟空の歌》
ソノカードが当《あた》る!!

もし、きんそう棒《ぼう》にはずれても、もういちど抽《ちゅう》
せんして、歌《うた》のでる絵《え》つきのソノカードが
もらえます。

〈お母さま方へ〉
きんそう棒は、ネジでしっかりとはめ込んだプラスチック製。両端のリングがやわらかい材質でできているので、安全です。

こりゃーすごいなー

応募《おうぼ》のしかた

明治《めいじ》の「悟空のお菓子」「カルミン」「ドロップ」のつつみ紙かレーベル（乳菓は上ブタ）を、100円分1口として送《おく》ってください。

〈送《おく》り先《さき》〉東京京橋局《とうきょうきょうばしきょく》　私書箱《ししょばこ》190号《ごう》
明治製菓《めいじせいか》「きんそう棒係《ぼうがかり》」
〈期《き》　間《かん》〉4月1日～6月24日
〈しめきり〉毎週土曜日《まいしゅうどようび》
〈発《はっ》　表《ぴょう》〉当選発表《とうせんはっぴょう》は賞品発送《しょうひんはっそう》でかえさせていただきます。

明治製菓

当《あた》る!!
悟空《ごくう》の大懸賞《だいけんしょう》
毎週《まいしゆう》1,000名《めい》さま
12のひみつが!!
ギッシリ★★
ビックリ、ビックリ
やや!
望遠鏡《ぼうえんきょう》にもなるんだよ
テレビの人気《にんき》もの悟空《ごくう》が命《いのち》から2番《ばん》
めにたいせつにしているきんそう棒《ぼう》を
毎週《まいしゆう》毎週《まいしゆう》プレゼントします!
ステキ!
宝袋もはいっているわ
宝袋《たからぶくろ》
明治《めいじ》悟空《ごくう》の「お菓子《かし》」
明治《めいじ》カルミン
明治《めいじ》ドロップ
Calmin
カルミン
羅針盤《らしんばん》

パーマンカードで
パーマンスカイロケットをもらおう！
★★★★★★★★★★賞品《しょうひん》のもらいかた★★★★★★★★
パーマンカードを集《あつ》めて切手《きって》といっしょにお送《おく》りください
☆パーマンスカイロケット賞《しょう》
パーマンカードでパーマン1号の5枚《まい》1組《くみ》と切手《きって》60円分《えんぶん》
☆パーマン魔法《まほう》ペン賞《しょう》
パーマンカードでパーマン2号の5枚《まい》1組《くみ》と切手《きって》20円分《えんぶん》
☆パーマンカード10枚《まい》（どの文字《もじ》でもよい）と
切手《きって》15円分《えんぶん》ですてきな景品《けいひん》をさしあげます。
送《おく》り先《さき》：東京《とうきょう》・京橋局区内不二家《きょうばしきょくくないふじや》パーマン㋚係《がかり》
〆切《しめき》り：昭和《しょうわ》42年《ねん》8月《がつ》31日《にち》
お待《ま》ちかねパーマンお菓子《かし》
ついに登場《とうじょう》！
圧《あっ》しゅく空《くう》気でバキューンととぶよ
パーマンカード
パーマンキャラメル10えん
パーマンキャンデー10えん
パーマンガム10えん
FUJIYA 不二家
〈不二家提供テレビ番組〉「パーマン」日曜よる７時30分～８時（ＴＢＳ系31局ネット）・「オバケのＱ太郎」（ＴＢＳ系３局ネット）・「ターザン」（ＮＥＴ系５局ネット）

パーマンカードで宇宙ステーションコマをもらおう!!
モーターでキューンとまわそう!
ジェット回転《かいてん》だ
いまなら
おたのしみ賞《しょう》で
5,000名《めい》さまに
大《だい》サービス
景品券《けいひんけん》なしでも○抽《ちゅう》せんで
宇宙《うちゅう》ステーションコマが
あたります○応募券《おうぼけん》10点《てん》ぶんと
切手《きって》15円《えん》ぶんを送《おく》ってください
○応募《おうぼ》の方《かた》ぜんぶに
すてきな景品《けいひん》をさしあげます
12月《がつ》9日《か》まで
アダプターをつければ何《なん》でも
(コマの部品《ぶひん》)
かんでもまわせるよ
パーマン
きせかえ
ペンダント
もらいかた★パーマンお菓子《かし》に入《はい》っているパーマンカードをあつめて送《おく》ってください★
応募券《おうぼけん》
不二家 パーマン1号
●宇宙《うちゅう》ステーションコマ賞《しょう》 宇宙《うちゅう》ステーションコマの景品券《けいひんけん》1組《くみ》と応募券《おうぼけん》10点《てん》ぶんと切手《きって》80円《えん》ぶん ●パーマンきせかえペンダント賞《しょう》 きせかえペンダントの景品券《けいひんけん》1枚《まい》と応募券《おうぼけん》10点《てん》ぶんと切手《きって》25円《えん》ぶん ●おたのしみ賞《しょう》 応募券《おうぼけん》10点《てん》ぶんと切手《きって》15円《えん》ぶんでもれなくさしあげます
送り先《おくりさき》:東京《とうきょう》・京橋局区内《きょうばしきょくくない》
不二家《ふじや》パーマン係《がかり》
〆切り《しめきり》:昭和《しょうわ》43年《ねん》3月《がつ》31日《にち》
FUJIYA 不二家
いままでのパーマンカードも応募券《おうぼけん》1点《てん》ぶんとしてつかえます
パーマンガム 10えん
パーマンチョコレート 10えん
パーマンキャラメル 10えん
パーマンキャンデー 10えん
ペットチョコレート 30えん
パーマン ピーナッツボール 20えん
日曜《にちよう》の夜《よる》のテレビは
「パーマン」7時30分《ふん》

ホントに　動《うご》く写真《しゃしん》だョ！
森永トコちゃんキャラメル
ガガッガー。大怪獣《だい・かい・じゅう》が　超特急《ちょうとっきゅう》に東京《とうきょう》タワーに……大《おお》あばれ。スゴい迫力《はくりょく》。種類《しゅるい》もいっぱい。こんなカッコいい動《うご》く大怪獣《だい・かい・じゅう》写真《しゃしん》のオマケが必《かな》ず入《はい》っている――森永《もりなが》トコちゃんキャラメル。
動く大怪獣写真入り!!
森永トコちゃんキャラメル
森永製菓株式会社
新《しん》発《はつ》売《ばい》
20えん
●トコちゃん姉妹品　森永トコちゃんガム　森永トコちゃんドロップ

ピョンと とびだすクチバシが……
金色《きんいろ》だったらズバリあたり 銀色《ぎんいろ》だったら
5枚《まい》ためてネ いままでのチョコボールの
箱《はこ》は25枚《まい》あつめて送《おく》ってネ…………
送り先 東京・高輪局私書箱20号
森永チョコボール係
箱を絵のようにひっぱるとクチバシがでてきます
森永
チョコレート
ボール
30えん
森永 ピーナッツ ボール
PEANUT Ball
森永 カラー ボール
COLOUR Ball
森永 チョコレート ボール
CHOCOLATE Ball
当《あた》りの《金《きん》のクチバシ》がふえたぞ――ォ!
当《あた》るよ!当《あた》る! まんが
のカンヅメもらえるぞ!
まだ 第《だい》2号《ごう》をそろえて
いない人《ひと》は「2号《ごう》をく
ださい」と書《か》いてネ
森永製菓株式会社
これはユカイな…
まんがの
カンヅメ
これはユカイな…
まんがの
カンヅメ
NO.2
非売品
ヒエーッ!スゴイ!

出た!
グリコの新サービス
キミの声を録音して
せっかちくん オトボケくん に
しゃべらせよう!
ボクたちお菓子やさんで
待ってるよ
みんなで見にきてね!
ぼくはねえ―――え
の―――んびりや
な―――んでも
ゆ―――っく―――り
ゆ―――っく―――り
★オトボケ声の
オトボケくん
身長21.5センチ
★せっかち声の
せっかちくん
身長17センチ
テープレコーダー
セルフタイマー
装置つき
ぼくは
とてもせっかち
しゃべるのだって
ペラペラペラペラ
すごく早口
オトボケくん
せっかちくん
江崎グリコ株式会社
ボクたちはゆかいなペット型テープレコーダー●なんでも吹き込め、だれの声でもみんな〈せっかち声〉や〈オトボケ声〉に変えてしまう。
●1時間まで調節できるセルフタイマーつき……チャイムも鳴り出すよ
こうすればもらえる
★アーモンドグリコ・アーモンドチョコ・グリコチョコッピに入っている〈せっかちカード〉〈オトボケカード〉を集めてください
●＜せっかちカード＞30組と切手100円ぶんで……………＜せっかちくん＞
●＜オトボケカード＞30組と切手100円ぶんで……………＜オトボケくん＞
●＜組合せにならないカード＞10枚と切手100円ぶんで……………つぎのうちどれかひとつ
①おたのしみ箱（なにが出るかおたのしみ）
②先生用5段伸縮ボールペン
③キーホルダーつき口紅型ボールペン
④高級外国切手100枚セット
★これまでの＜ブル公カード＞は1組が＜せっかちカード＞または＜オトボケカード＞の1組ぶんとして使えます（42年10月末まで）
★くわしくはカードをごらんください
どこにも売ってないョ
グリコだけの特別製
あ〜らふしぎ……!?
キミの声が〈せっかち声〉や〈オトボケ声〉に変わる、変わる
早くもらって友だちをビックリさせよう!
アーモンドグリコ（10円・20円）
Glico ALMOND CHO
アーモンドチョコ（20円・30円・50円・70円・100円）● グリコチョコッピ（30円）
153ページを見てごらん!サービス券がついている

あまさのチャンピオンがせいぞろい!!

あまーい味が
ほっぺにキューンときちゃうんだ
ボクシングでいうなら
みーんなヘビー級のおいしさ
なんてったってカンロ飴だもん！
最後のサイゴまで
とろけるようなあまさだよ！

あまい宝石
カンロ飴

ご進物缶300円・500円／マスコットサイズ50円／袋入50円

カンロ株式会社

カンロ飴提供TV番組
ジャイアントロボ
毎週水曜　夜7時30分～8時
NETテレビ／毎日放送／九州朝日放送

あなたがたのお肌は　いちばん美しい。
だから　いいチョコレートを選びましょう。お肌のツヤと弾力を引出します。
ジャネットだけが〈乳和性〉ブレンドです
森永ジャネット
50円／最高級チョコレート
JANET
CHOCOLATE
ゴムまりのお肌に…
品質の森永

あなたを見つめるデビッド・マッカラム

森永ジャネットご愛用者だけに…

全版ポートレート・728mm×1030mm・特別頒布実施中

このチャンスを逃したらもう永遠に手にはいりません

ジュニアのあこがれ　ナポレオン・ソロのデビッド・マッカラム（イリア・クリヤキン）大ポートレートでアメリカから到着――これは絶対に市販されない貴重品です――あなたを見つめ…語りかける全版ポートレートで　イリヤを独占してみませんか………

《申込方法》

森永ジャネットの保証カード5枚と切手200円分

■送り先　東京·高輪局私書箱20号 森永ポートレート係

■メ　切　9月15日（消印有効）まで

■この広告を見た雑誌名を必ずご記入ください

森永ジャネット

50円／最高級チョコレート

森永製菓株式会社

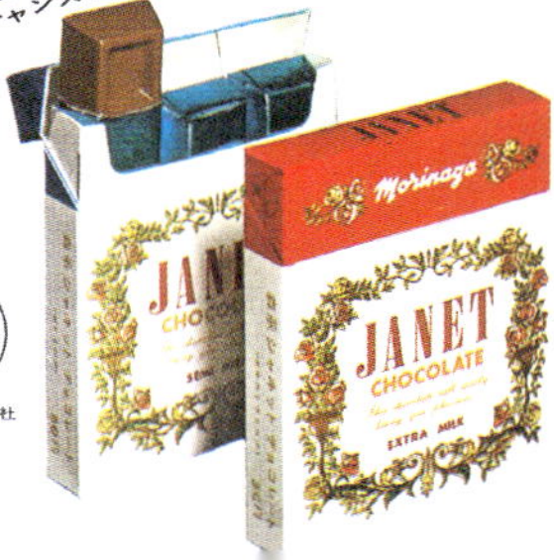

YOUNG
Morinaga
森永製菓株式会社
握手だ！仲間だ！
ボクラの出番だ！
森永ハイクラウン
最高級チョコレート
70円
Morinaga
Hi-CROWN
CHOCOLATE
MILK CHOCOLATE
これが話題のダッフルバッグ
THINK BIGGER
CHOCO FLAKES
Morinaga
CHOCO
FLAKES
森永チョコフレーク　50円
Morinaga
YELL
CHOCOLATE
Milk
森永エールチョコレート　50円・30円
森永チョコレートでヤングプレゼント
いまが森永チョコレートを買うチャンスだ
ヤングの象徴・VAN特製
ダッフルバッグ…毎週 金曜日〆切 翌火曜日抽選…2,000名様
ヤングの代表・テンプターズの
カラーチーフ…毎週 金曜日〆切 翌火曜日抽選…10,000名様
連続12週　最終〆切12月20日
★ご応募は
森永チョコレートのラベル〈100円分を1口〉として、お1人何口でも出せます。
★但し森永ハイクラウンは、箱の中にはいっている品質保証カード1枚で1口。
★森永ピチチョコレート、森永チョコレートボール、森永キャプテンスカーレットチョコレートは除きます。
★ご応募は封書で。氏名、住所、年令、職業をお忘れなく。
送り先　108東京・高輪局私書箱20号　ヤング・モリナガ係
発表　賞品発送をもって発表にかえます。

もれなくさしあげます!!

ボクたちが知恵《ちえ》をしぼった贈《おく》りもの。キミだけにチャンス!!

明治チョコファンのキミだけに!

タイガースデラプレゼント

"デラ"のペットネームでよばれています!

ぜんぶあつめて、タイガース・コレクションをつくろう!

〈100cm×38cm〉

● タイガース ジャイアントポスター

「ジュリー」「トッポ」「ピー」「サリー」「タロー」「全員」の6種類でっかいカラーポスターをつくりました。

舞台衣装をぬいでくつろいだボクたち素顔のスナップです。お好きな人のをどうぞ!

● キミだけに語《かた》りかけるレコードシート

あなたにささやくジュリー、あなたとデートするトッポ、あなたに電話するピー、あなたと散歩するタロー、あなたとドライブするサリーの5種類。一人ぼっちのお部屋でボクたちとお話しませんか? あなたがほしいのはどれ?

● タイガース・ミニアルバム

いつもタイガースといっしょにいたい…というあなたにさしあげたいボクたちのカラー写真セット(6枚いり)ですポケットにしのばせてネスタンドにもなります!

チョコレートは明治

《応募方法》

明治のデラックス・ハイミルク・ブラックのつつみ紙150円分と切手70円を1口としてご応募くだされば、もれなくさしあげます。

- つつみ紙のうらに、住所・名前・年令・ほしい品(1口につき1品)をかいてお送りください。
- ポスターかレコードシートをご希望の方は、ほしい人のニックネームをかならずかいてください。全員うつっているポスターがほしい人は、「全員」とかくこと。
- しめきり…5月31日(消印有効)
- 送りさき…東京京橋局　私書箱1号 明治製菓「タイガース・デラプレゼント係

明治製菓

TWIGGY
新発売
トゥイギータッチのかるいチョコレート
CHOCO
FLAKES
50
森永製菓株式会社
軽快・タッチ・センス。現代感覚に
ズバリアッピールした新しいチョコ
森永だけの
森永
チョコ
フレーク
●一発で封が切れる
〈ジッパー・オープン〉
50円
森永チョコレート100円分で
毎週抽選
3,000名様に
プレゼント!!
イギリスからやって来た……
グルック
英国マクドナルド社と独占輸入契約!
森永チョコレート100円分で1口
★ハイクラウン・ジャネットは保証カード
★その他のチョコレートはラベル又は空箱
★チョコボール・ガボテンチョコレートは除く
送り先　東京高輪局私書箱20号
森永グルック係
最終〆切　12月31日
発表　賞品発送で発表にかえます
夢も…希望も…板チョコも
大きいことはいいことです
YELL
大好評
森永
50円
30円
ENJOY BIG PLEASURE ANYWHERE ANYTIME
エール
チョコレート

ちっちゃな
レディの
おしゃれガム
＊かわいいスタイル画が
いっぱい
味はフルーツソーダーの
さわやかさ――――
3枚入…10円
カネボウスイートガム新発売!
当てましょう!!
ステキなハンカチ
つつみ紙の中から「ラッキー券」や
「おたのしみ券」が出てきたら、
ステキな《おしゃれハンカチ》が
もらえますョ
発売元 カネボウハリス株式会社
繊維製品から化粧品まで　世界でただひとつ　総合の美をつくる　カネボウ

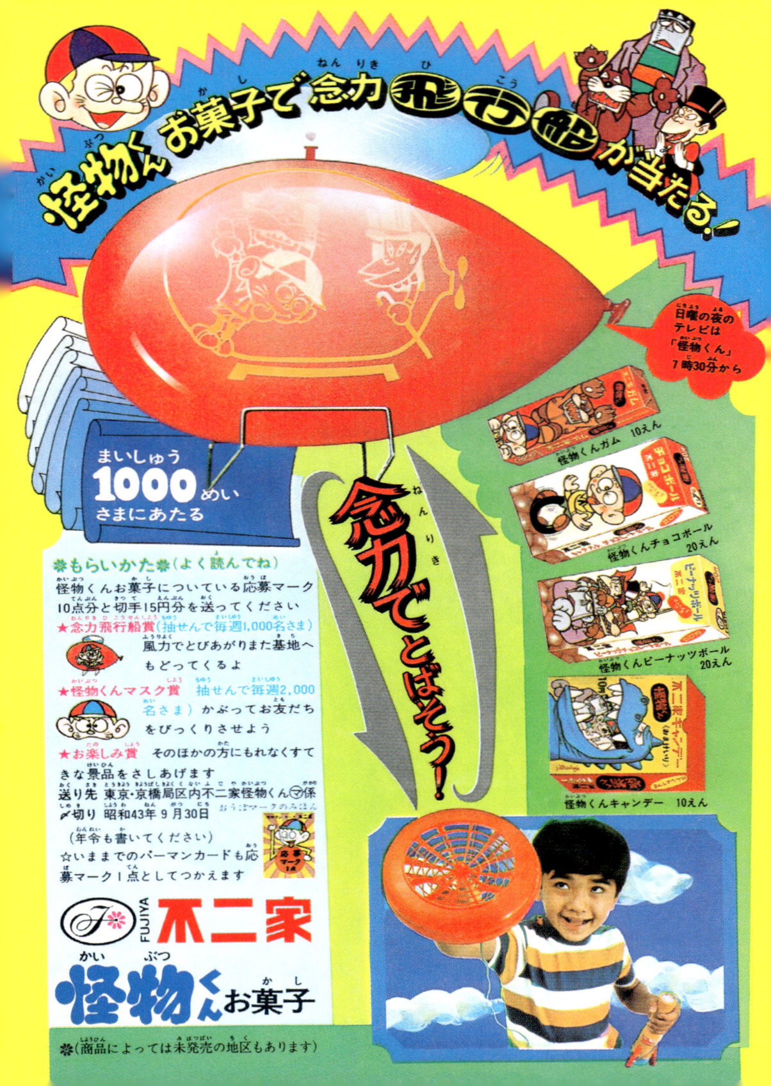
怪物《かいぶつ》くん お菓子《かし》で 念力《ねんりき》飛《ひ》行《こう》船が当たる!
日曜《にちよう》の夜《よる》の
テレビは
「怪物《かいぶつ》くん」
7時《じ》30分《ふん》から
まいしゅう
1000めい
さまにあたる
念力《ねんりき》でとばそう!
怪物《かいぶつ》くんガム 10えん
怪物《かいぶつ》くんチョコボール 20えん
怪物《かいぶつ》くんピーナッツボール 20えん
怪物《かいぶつ》くんキャンデー 10えん
❀もらいかた❀(よく読《よ》んでね)
怪物《かいぶつ》くんお菓子《かし》についている応募《おうぼ》マーク
10点分《てんぶん》と切手《きって》15円分《えんぶん》を送《おく》ってください
★念力飛行船賞《ねんりきひこうせんしょう》(抽《ちゅう》せんで毎週《まいしゅう》1,000名《めい》さま)
風力《ふうりょく》でとびあがりまた基地《きち》へ
もどってくるよ
★怪物《かいぶつ》くんマスク賞《しょう》 抽《ちゅう》せんで毎週《まいしゅう》2,000
名《めい》さま) かぶってお友《とも》だち
をびっくりさせよう
★お楽《たの》しみ賞《しょう》 そのほかの方《かた》にもれなくすて
きな景品《けいひん》をさしあげます
送《おく》り先《さき》 東京《とうきょう》・京橋局区内《きょうばしきょくくない》不二家怪物《ふじやかいぶつ》くん㋮係《がかり》
〆切《しめき》り 昭和《しょうわ》43年《ねん》 9月《がつ》30日《にち》
(年令《ねんれい》も書《か》いてください)
☆いままでのパーマンカードも応《おう》
募《ぼ》マーク1点《てん》としてつかえます
おうぼマークのみほん
応募マーク 1点
FUJIYA 不二家
怪物《かいぶつ》くんお菓子《かし》
❀(商品《しょうひん》によっては未発売《みはつばい》の地区《ちく》もあります)

怪物《かいぶつ》くんお菓子《かし》で
マジックコースター
をもらおう！
日曜《にちよう》の夜《よる》のテレビは
「怪物《かいぶつ》くん」7時《じ》30分《ぷん》から
まいつき
10000
めいさまに！
新《あたら》しい
怪物《かいぶつ》くんの
景品《けいひん》だ！
鉛筆けずり
おたのしみ賞《しょう》
おたのしみ賞《しょう》
スポーツパズル
動物パズル
おたのしみ賞《しょう》
怪物くんエアープレーン
おたのしみ賞《しょう》
宇宙ゲーム
エレベーターあそび
宇宙ステーションあそび
ロープウエイあそび
いろいろあそべるよ！
さかさになってもおちないよ
ジュルルルルル〜ッ
いままでのパーマンカードも
おうぼマーク1てんぶんとして
つかえます
怪物くん　チョコボール　20えん
怪物くん トランシーバーチョコ　30えん
怪物くんガム　10えん
怪物くんキャンデー　10えん
もらいかた
怪物《かいぶつ》くんお菓子《かし》についている応募《おうぼ》マーク10点分《てんぶん》と切手《きって》15円《えん》を送《おく》ってください
★送《おく》りさき：東京《とうきょう》・京橋局区内《きょうばしきょくくない》
不二家怪物《ふじやかいぶつ》くん㊦係《がかり》（郵便番号《ゆうびんばんごう》104）
★しめきり：昭和《しょうわ》44年《ねん》2月末日《がつまつじつ》
★封筒《ふうとう》のうらにあなたの住所《じゅうしょ》・名前《なまえ》・年令《おとし》をわすれずに書《か》いてください
もれなく当《あ》たる大景品《だいけいひん》
特賞《とくしょう》・マジックコースター
抽選《ちゅうせん》で毎月《まいつき》1万名《まんめい》に
お楽《たの》しみ賞《しょう》・その他《ほか》のひとに
どれかかならずもらえます
これは応募《おうぼ》マークの
見本《みほん》です
FUJIYA
不二家怪物《かいぶつ》くんお菓子
（商品《しょうひん》によっては未発売《みはつばい》の地区《ちく》もあります）

まんがの人気者がいっぱい
立体シール
をあつめよう！
ハリス フーセン ガム
3枚入り…10円
出た！
とびだすマンガだ
ペタリンコンと
はろうじゃないか！
みんなで82種るい——
これからもどんどんふえるょ!!
ハリス フーセンガム
教育設備助成運動参加商品
（切りとり線）
①
②
③
④
①のカードは
サービスです—
ガムに入っている
残りの②③④のカードを左の
あいているところに　ぜんぶはりつ
けて15円切手といっしょに
封筒に入れて送ってください。
送り先／大阪市都島郵便局
私書箱第3号「立体シールK係」
Kanebo カネボウ
発売元 カネボウハリス株式会社
ハリスフーセンガム
立体シール
ひきかえ所
このマークのあるお店でも もらえるょ

鬼太郎チョコでカッコイイ
おしゃべり人形《にんぎょう》やカバンを当《あ》てよう！
シスコ
ゲゲゲの
鬼太郎
チョコ
当《あ》てかたは
ラベルのうらをごらんください。
うたう鬼太郎人形《きたろうにんぎょう》
鬼太郎の学生服《がくせいふく》のボタンを
おすとうたうよ。
目玉《めだま》のとうさんが鬼太郎の
左目《ひだりめ》に入《はい》っているよ。
まくらに早替《はやがわ》り
鬼太郎妖怪《ようかい》カバン
空気《くうき》を入《い》れるとまくらに
空気《くうき》をぬくとカバンに早替《はやがわ》り。
Deluxe CHOCOLATE
デラックスチョコ
20円
ミルク
コーラスチョコ
30円
Chorus
ミルクチョコ 20円
CISCO
シスコ株式会社
東京・大阪・仙台・名古屋
広島・福岡
テレビも見てね
©水木しげる
（日曜日午後6時30分～7時 フジテレビ 東海テレビ 関西テレビ テレビ西日本 午後3時30分～4時 宮崎放送）（土曜日午後5時～5時30分 山形放送 6時～6時30分 南海放送 7時～7時30分 仙台放送）（火曜日午後6時～6時30分 広島テレビ）（月曜日午後6時～6時30分 北陸放送）（金曜日午後5時～5時30分 山口放送）

ヤダモンたべて
プロペラつき
ヤダモンもらおう
人形
©ピー・プロダクション
フルヤ
ヤダモン
ガム
けいひんがあたる！
フルヤ　ヤダモン　ガム
10えん
ヤダモン
チョコレート
フルヤ　ヤダモン　チョコレート
10えん
フルヤ
ヤダモン
チョコレート
20えん
けいひんがあたる！
フルヤ　ヤダモン　チョコレート
20えん
ラベルがそろえば
だれでももらえるよ！
ラベルのうらの絵あわせが、ヤ・ダ・モ・ンと4枚そろったら、切手《きって》60円といっしょにおくってください。もれなく、プロペラつきヤダモン人形をさしあげます。
ヤ
ダ
モ
ン
★チョコレート、ガム　どのラベルもいっしょに組合《くみあ》わせてつかえます。
＜送り先＞
東京都下谷局区内　古谷製菓ヤダモン係
FURUYA
古谷製菓

すごい人気！
フルヤ
怪人二十面相
フルーツキャンデー
ますます好評！
お口のなかは
すずしさいっぱい。
食べたあとはたのしもう
フルヤ
コーンキャンデー
わんぱく探偵団
キャラメル20・10えん
わんぱく探偵団
ガム10えん
わんぱく探偵団
コーンキャンデー30えん
わんぱく探偵団
キャンデー100・50・10えん
わんぱく探偵団
サワーキャンデー
30・20えん
CHEWING GUM
FURUYA
古谷製菓

毎《まい》週《しゅう》先《せん》着《ちゃく》1005名さまに
赤《あか》影《かげ》忍《にん》者《じゃ》ベルトが当《あ》たる!
赤影怪忍法手帳 忍者のしめいや、忍法の特技をやさしく説明してあります。よんで友だちにおしえてあげよう。
忍者ペン このペンで字をかくと30秒ぐらいで字が消えてしまう。よむときには、水をつけるとまた字があらわれる。
忍者笛 忍者が使う笛。友だちとの合図に使ったり、その他にいろいろと使いみちを考えてみよう。
忍者棒 棒の先に光をあてると、マジックブザーがなります。（電池をたくみに利用した、ふしぎなしかけがしてあります。
赤影忍者バックル 電池のスイッチを入れると、赤影の目がとってもカッコよく光ります。（バックルの中に秘密がかくされています。）
手裏剣 十字型や星型の手裏剣です。プラスチックで出来ています。
赤影怪忍法手帳
乾電池
新《あたら》しい景品《けいひん》がつきました!
コビト 赤影
赤影ビーライスチョコ 10えん
赤影ミルクチョコ 10えん
●ラベル50円分をお送りくださった方に、毎週先着1,000名様＋5名様(残念賞)に赤影忍者ベルトまたは、赤影忍者の仮面をさしあげます。(10円ミルクチョコ／10円ビーライスチョコ／20円ミルクチョコ共通)
●そのほかにラベルのうらに赤影、青影、白影がいんさつしてあります。3人そろって1組です。
1組で　赤影怪忍法手帳　　3組で　赤影忍者マフラー　　5組で赤影忍者ひみつ時計(★15円切手をかならず同封して下さい。)
●送り先　東京都板橋北局私書箱第1号　コビト「赤影チョコ」係
コビト 赤影《あかかげ》 チョコレート
株式会社コビト

ガムのルーキーだぞ！
王《おう》 貞治《さだはる》 内野手
Q
背番号１左投左打
長島茂雄《ながしましげお》 内野手
K
GIANTS
●引換券５枚と郵便切手15円をおくれば巨人選手のことがなんでもわかる「ジャイアンツ・トランプ」がもらえます。
●送り先　東京都渋谷区渋谷0丁目00−00
ジンタン食品ＯＮ係
ジャイアンツ・トランプがもらえる！
ONガム
フーセンガム
新発売
ONガム／3枚入／10円
JF
ジンタン
ジンタン食品株式会社

〈キミ〉と〈いま〉を直結する…

ミニをこなし　パンタロンに挑む…。
ファッションの眼はチョコレートを
変えて行く。古いイメージよ ポイッ！
デザインも味も超いまのパターンだ。
キミのいま着ているそのフクにぴったりと合うからフシギ

〈いま〉を全身に盛りこんだ チョコレート

森永 ツーユーチョコレート

to you

――ミルク、セミミルク、ナッツ 各50円――

秋のチョコ・コレ
新発表

創業70年
森永製菓株式会社

MILK

SEMI MILK

CASHEW NUT

70万円であなたの世界を
ファッション・アップ!!

質問

"いま　いちばん新しくて
ファッション的なチョコレートは？"

CR(伝達調査)にご協力くださった方
全員の中から抽せんで

特　賞	700,000円	7名様
金　賞	70,000円	70名様
銀　賞	7,000円	700名様
銅　賞	特製、香水壺 (銀製ブローチ)	7,000名様

ご応募は、官製ハガキで。あなたの答と住所・氏名・年令をご明記の上、下記へお送りください。

●送り先　〒108東京・高輪局私書箱20号
森永ツーユーチョコレート係

●抽せんは二週間毎に計7回行ないます。

●メ切　第1回 10月3日　第2回 10月17日
第3回 10月31日　第4回 11月14日
第5回 11月28日　第6回 12月12日
第7回 12月26日

●発表　第1回発表(特賞・金賞)は10月14日テレビ「でっかくいこう」で。以下、隔週同番組内で。
(銀賞・銅賞は賞品発送で発表にかえます)

創業70年
森永製菓株式会社

●ミルク

●セミミルク

●ナッツ

秋のチョコ・コレ
新発表

70万円であなたの世界を
ファッション
アップ!!

質問

"いま　いちばん新しくて
ファッション的な
チョコレートは？"

CR(伝達調査)に
ご協力くださった方

全員の
中から
抽せんで

特　賞	700,000円	7名様
金　賞	70,000円	70名様
銀　賞	7,000円	700名様
銅　賞	特製、香水壺（銀製ブローチ）	7,000名様

ご応募は、官製ハガキで。あなたの答と住所・氏名・年令をご明記の上、下記へお送りください。

●送り先　東京・高輪局私書箱20号
森永ツーユーチョコレート係

●抽せん　二週間毎に計7回行ないます。

●メ　切　第1回　10月3日　第2回　10月17日
第3回　10月31日　第4回　11月14日
第5回　11月28日　第6回　12月12日
第7回　12月26日

●発　表　第1回発表(特賞・金賞)は10月14日テレビ「てっかくいこう」で。以下、隔週同番組内で。
(銀賞・銅賞は賞品発送で発表にかえます)

ドレス…
メイキャップ…
インテリア…

ファッション意識は
いま　チョコレートの世界を
大きく犯しています。

おもったるい　やぼったい　古くさい

さようなら〜。遅れてま〜す。

(これはいろいろと使える感覚コトバです)

〈いま〉を全身に盛りこんだ　チョコレート

森永 ツーユーチョコレート

to you

——ミルク、セミミルク、ナッツ　各50円——

森永製菓株式会社
運がいいと箱から出てきます
☆☆☆☆☆ピチスティッカー
色あざやか。イラスト165種。お
露出部分に貼りましょう。今年はたくさん貼ること 特に目出つ部分に貼ることが流行。海辺で街でピチッてる人と出会ったら アイサツしよう。
ヒップ ホップ ピッチ
Morinaga
Pichi
PICHI COLOR
新発売
いい曲線と躍動感とピチカラーをもつことピチスティッカーをつけること
これが'69年型ヤングのパターンです。サァピチろう!
森永ピチチョコレート:50円
ピチカラー
カラーチョコの中は
ピチピチした丸ごとピーナッツ
いまピチッてる最中の夏木ミミちゃん
KODAK S'AEFTY FILM
KODAK S'AEFTY FILM

明治
TROMBONE
テンテンテンのトロンボン 新発売
Meiji
TROMBONE
ナッツで満員
チョコナッツ
ナッツ入りのNEWチョコバー
黄色に黒の文字でトロンボン
フルーツで満員
チョコフルーツ
フルーツ入りNEWチョコバー
緑にピンクの字でトロンボン
40円

点数カードをあつめて
かっこいい
メダルシール
をあつめよう！
スゴイ人気だ！
どーんどんあつめよう
高級金ぞく製立体シールだ！
KICK BOXING
1904
KRIEGER ELEC.
KICK BOXING
SAWAMURA
KICK BOXING
東洋ライト級チャンピオン
沢村　忠
ハリス
キック
ハリス
キック
ガム
ハリス
キック
フーセン
10円
発売元 カネボウハリス株式会社
●このカードはおまけです
(キリトリ線)
ハリスキックガム
メダルシール
をあつめよう
10
点券
40点でメダルシール
(どこにでもはれる金属シール)
30点で立体ソフトシール
(服や帽子にもバッチリはれる
デラックスなシール)
点数券がたまったら15円切手を同封して送って下さい
〈送り先〉大阪市都島郵便局
私書箱第3号キック係（郵便番号534）
〈〆切日〉昭和45年4月末日
従来の立体シールカード①②③④はどれでも1点として通用します

シスコ
柔道一直線
チョコレートで
キミも"新兵器"を当てよう!
パキッとした歯ごたえ
お口いっぱいにとろける味
シスコ柔道一直線チョコで
ほんとうに弾がとびだす
トランシーバーガンや
ボールペンガンを当てよう
カッコよくあそぼう!
CISCO シスコ株式会社
東京・大阪・仙台
名古屋・広島・福岡
テレビを見てよ! ザ・ヒットパレード
<毎週土曜日午後7:00~7:30>フジテレビ・関西テレビ・東海テレビ・テレビ西日本・長野放送・富山テレビ・石川テレビ・テレビ静岡福井テレビ・サガテレビ・テレビ熊本
<毎週月曜日午後6:00~6:30>広島テレビ<毎週火曜日午後7:00~7:30>西日本放送<毎週土曜日午後1:30~2:00>仙台放送・札幌テレビ<毎週土曜日午後7:00~7:30> 沖縄テレビ
シスコ CISCO'S 柔道一直線 ミルクチョコレート
シスコ CISCO'S 柔道一直線 ミルクチョコレート
モーレツ賞——
モーレツラッキーカードと〒35円を入れて送ってね。
ドタリピ賞——
ドタリピラッキーカードと〒25円を入れて送ってね。
おり返し賞品を送るよ。
送り先——大阪堺局区内シスコモーレツ係宛だよ。
トランシーバーガン
ボールペンガン
CISCO DELUXE Chocolate デラックス
CISCO DELUXE Chocolate デラックス
CISCO DELUXE Chocolate デラックス

カードあわせで―もれなく
外国製宇《う》宙《ちゅう》船《せん》を
もらおう！！
月の世界へ
どんどん送ってね！
けいひん
月ロケット
キャラメル　10えん
月ロケット
キャンデー　10えん
月ロケット
チョコレート　20えん
月ロケットガム　10えん

カードの送り方

☆カードが[月][ロ][ケ][ッ][ト]と5枚そろったら、切手150円といっしょにおくってください。外国製宇宙船をさしあげます。

☆おくるときは、ひとくちにつき切手150円を入れてあなたの郵便番号・住所・名前・年令を封筒のウラにはっきりかいておくってください。

☆切手をわすれたり、住所や名前をはっきりかかないと宇宙船《うちゅうせん》をおくることができませんので、かならず守ってください。

☆このカードは、月ロケットチョコレート（20えん）・月ロケットガム（10えん）・月ロケットキャラメル（10えん）・月ロケットキャンデー（10えん）・であればどれでもきょうつうでつかえます。

送り方：（北海道の方《かた》は）→〒065札幌市　（そのほかの方《かた》は）→〒338埼玉県与野市 古谷製菓月ロケット係

古谷製菓

第2章
プラモデル

A HAPPY NEW YEAR!
imai PLASTIC MODEL
イマイのデラックス模型をつくろう!
ビッグサンダー
リモコンで
●前進・右廻り・左廻りが自由に出来ます
●頭が開いてロケットがとびだします。
●くるり！と腕をまわしてミサイルを連発的になげます。
マブチ 15 2個
単1乾電池 2本
(使用します)
アメリカンスタイル ロボット
THUNDER BOY
(高 28cm 巾 22cm)
定価 1,500円
(モーター電池別)
99艦爆
Scale 1/50
マブチ 13 1個
単3乾電池 1本
(使用します)
☆オール可動(1/50)スケールモデルです
①モーターでプロペラ回転 ②フラップ ③補助翼 ④翼端折曲げ ⑤方向舵 ⑥昇降舵 ⑦風防がスライド ⑧爆弾投下装置付
定価 300円
(モーター電池別)
4号戦車
好評発売中!!
戦車の機能を充分発揮する
リモコン・フリー（ラジコンも搭載可）
なんでもＯＫ！ ものすごい迫力
坂道を グングン上る誰もがほしくなる
デラックス大型戦車！
前後進・左右曲折・砲塔・旋回上下動
☆自由自在に動かせます
マブチ55 2個
単1乾電池 6本
(砲塔せん回用)
マブチ15 1個
単2乾電池 1本
使用します
Scale 1/15
日本中を模型でつなぐ
今井科学のプラスチックモデル
今日もここに進撃す！
(長サ39.3cm 巾 19.5cm)
定価 2,500円
(モーター電池別)
◎全国有名デパート・玩具店・模型店・文具店にて発売中！
◎カタログのほしい方は切手40円同封お申し込み下さい！
今井科学株式会社
本社・工場 静岡県清水市西久保 TEL (0) 0000-0000

imai
PLASTIC MODEL
トシ君写真ありがとう！
イマイファンの皆さん今度イマイファンコーナーができました（No.2はだれでしょう？）
写真や手紙をお送り下さい！
（写真はイマイ製品を持っているものに限ぎります）
⦿送り先　静岡県清水市西久保000
今井科学株式会社
・あなたの住所・氏名もお忘れなく
・採用者には記念品をお贈りします
イマイファンコーナー
NO.1
といっしょにつくったんだ）
清水市 幼稚園　澤田俊之くん
イマイに透明ロボット《新発売》
歩く
キャプテンパトロール
●光る！動く！
●弾丸発射！
●胴体内部の6つのギヤーの動きが見えます。
●透明ロボットの決定版！
●豆球1個入ミサイン弾（10発入）
CAPTAIN PATROL
マブチ25モーター1個
単2電池2本
使用します
定価　￥550（モーター・電池別）
弟の　歩く
パトロールロボット
です
とうめいのロボットではぼく一種しかないんだよ
←このアンテナがスイッチです
組立は簡単！
PATROL
マブチ13モーター1個
単3電池2本
使用します
定価　￥250
ごぞんじ　動く
ベビーサンダーボーイ
です
←頭部より弾丸発射！
（ロケット弾10発入）
Thunder Boy
マブチ13モーター1個
単2電池2本
使用します。
定価　￥250
イマイの人気商品マスコットシリーズ!!
少年忍者
風のフジ丸
定価￥50
ビックX
定価￥50
鉄人28号
定価￥50
鋼鉄人間
シグマ
定価￥50
■この他テレビの人気者がイッパイ
●鉄腕アトム
●狼少年ケン
●エイトマン
●伊賀の影丸
（鉄人28号）
●正　太　郎
（忍者部隊）
●月　　光
●0戦はやと
●全国有名デパート・模型店・玩具店・文具店にて発売中！
今井科学株式会社
静岡県清水市西久保000　TEL 清水 0-0000（代）

imai
PLASTIC MODEL
だれが組立てても
20メートル8秒!
快走する!
イマイのレインボー
Rainbow
《スピード競技用》マブチ45モーター1個(35も可)・単3乾電池　4本　使用します
真空成型ですから軽くて、しかも丈夫です　全長 340%　巾98ミリ
定価　完成スイッチ入　￥300　(モーター電池別)
この夏は
イマイの
サブマリン707
でゆこう!!モーターで浮沈します!!
〔MOTORIZED〕
レンズ球がひかります
Cクラス
ジュニア707
■マブチ35モーター1個・単2電池2本使用
ライトが光り自動で潜航・浮上します
2色カラーモデル全長255%飾台付
(レンズ球1個入)
定価　￥450　(モーター電池別)
(特許申請中の自動浮沈装置や
機構的に性能も充実させましたので
￥450で販売させていただきます)
大好評発売中!
Cクラス
サブマリン707
■マブチ25モーター1個・単2電池2本使用
自動で潜航・浮上します中央かく納庫には
2隻のジュニア 707を搭載しています
3色カラーモデル　全長 330%　飾台付
定価　￥350　(モーター電池別)
浮沈ギャー装置
電池位置
開閉するとロケットライナーとロケット弾が見えます
《方向舵調節により旋回も出来ます》
ジュニア 707をかく納しています
開けるとロケットが見えます
方向舵可動です
この他サブマリンシリーズではゴム動力で潜航する
サブマリン707　Aクラス　定価　￥ 50
サブマリン707　Bクラス　定価　￥100
ジュニア　707　Aクラス　定価　￥ 50
ジュニア　707　Bクラス　定価　￥100があります
方向舵可動です
潜水鉄人28号
潜水鉄腕アトム等タノシサがイッパイです　定価　￥150
電池位置
モーター位置
■全国有名デパート・模型店・玩具店・文具店にて発売中!!
■カタログのほしい方は切手40円同封の上お申込み下さい。
今井科学株式会社
静岡県清水市西久保 000　TEL 0－0000(代)

「狼少年ケン」と「少年忍者風のフジ丸」のテレビ原画のフィルムをほしい方は「イマイ製品 200円分の組立図商品を切りとり」「切手20円を同封して今井科学株式会社「テレビ原画フィルム係」へお送り下さい。折返し「フィルム2枚と下絵1枚」をお贈りします
(例4口分なら切手80円と 800円分の商品名同封)

imai
PLASTIC MODEL
イマイのプラモケイ しんはつばい!
宇宙パトロールホッパ
宇宙シリーズNo.1　宇宙パトロール・ホッパのとくちょう
●モーター電池はいりません
●宇宙船は走ります。宇宙レーダーも回ります
●3人は宇宙船よりはずすことができます
●3人はフェライト磁石つきですから
鉄板につきます
●すばらしい6色モデル
●2箇所よりミサイル
を発射できます
●ミサイル弾　6発入
定価　¥180
東映
東映動画スタジオ承認済
テレビ上映中
ファミリーシリーズNo.7
宇宙エース
●モーター・電池はいりません
●ロケットの頭をあけるとエンピツ立になります
●宇宙エース時間わりつき
●3色モデル
定価　¥120
宇宙エース
© 竜の子プロダクション承認済
イマイのせいみつもけい
ドイツ急降下爆撃機　JU－87
ユンカース
組立やすいと好評です!
〈オール可動式〉
モーターでプロペラ回転
バクダン投下装置つき
主車輪・風防・昇降舵
補助翼・方向舵・フラップ
SCALE 1/50
マブチベビーモーター1個
単3電池　1本使用
定価　¥300（モーター電池別）
べんきょう机の上に
ビルつき鉄人28号
鉄人28号
●鉄人だけでも遊べます
●背中のロケットに糸をとうして空中をとばそう
●ロケットから弾丸発射ができます
弾丸12発入
●エンピツ立・時間わりつき
カッコいい鉄人をつくろう
定価　¥120
コミックシリーズ誕生!
ミスター・ジャイアンツ
くびがうごきます
右手Vの字サインは
勝利をいみします
定価 ¥100
GIANTS
◎全国有名デパート・模型店
・玩具店・文具店にて発売中!!
◎カタログのほしい方は切手
40円同封の上お申込下さい!!
静岡県清水市西久保000　TEL0－0000(代)
今井科学株式会社

タンクのタミヤの新製品

IT'S MOTORIZED! REMOTE CONTROL TANK.
MODEL KIT DESIGND FROM REAL M TANK
1/21
IDENTICAL SCALE
MANUFACTURED BY TAMIYA MOKEI CO.

☆ドイツ陸軍23ｔ中戦車

3号戦車

1/21 デラックスシリーズNO.5

ワールドタンクシリーズの
英国戦車クルセーダー
と並んだ写真

￥1,300　発売中

★くわしいカタログご希望の方は、切手40円同封の上「３号戦車カタログ」と明記の上お申し込み下さい。1965年タミヤモケイ総合カタログと共にお送りします。

静岡市小鹿000
タミヤモケイ

☆全長260㎜、全巾140㎜のデラックスサイズ
☆車輪はスプリングクッション式で、実感あふれるキャタピラはプラスチック製、凸凹の地面で走らせると一個一個の車輪が上下に動き本物の戦車と同じです。
☆コマンダーハッチや、エンジンドアーが開閉式の精密スケールモデル。
☆４つの押しボタンで前進、後退、右折、左折と自由に操縦出来る楽しいプラスチックモデルです。
☆単２乾電池４本とマブチ㊺モーター２個使用

TAMIYA
MOKEI PLASTIC MODEL KIT. JAPAN.

Nichimo
PLASTIC COLOR MODEL
プラスチック カラー モデル
新製品発売
海と空
Mustang
正確な模型で定評ある
日模の飛行機に
すばらしいアクションがつきました
もちろん無理なことはやめました
しかし部品の数でも
そのシャープさでも特級品です
ノースアメリカン P-51D“ムスタング”
国際スケールで
国際水準を抜く
すばらしいモデルです
全可動式
¥350
1/48th
Actual Size
この図面は航空戦艦“伊勢”の外観図です
正しいことばで「舷外側面図げんがいそくめんず」といいます
これは1／500で模型の実物大です
“伊勢”には大きな秘密があります
後部の飛行甲板です
その正確な形はまだ発表されて
いません　それをこの模型が
みなさんに公表します
旧海軍の図面から縮尺した
ものですから専門家でも
びっくりすることでしょう
ご期待ください！
伝統ある日模の1／500シリーズNo.9
旧日本海軍連合艦隊の異色
航空戦艦
伊《い》勢《せ》
¥550
全国有名デパート
模型店でお求めください
日本模型株式会社
栃木県佐野市久保町000

大滝のプラスチック模型《モデル》！
第二次大戦日本陸軍ケッサク機
四式戦闘機 疾風《はやて》
精密大型模型！
日本海上自衛隊機
対潜哨戒機
おゝわし
（米国名ネプチューン）
特徴
①エンジンカバー開閉する（エンジンが内蔵されている）
②翼のカバーを開くと機銃が組込んである
③両翼端のライト（赤・青）がつく
④脚、引込式、全可動
⑤モーターでプロペラ回転する
700円
（モーター付電池別）
完全スケールモデル全可動式 150円
日本海上自衛艦
“ゆうだち”
船長 365ミリ
船巾 85ミリ
モーターマブチNO 13 1個
単3電池2本使用
250円
（モーター・電池別）
快速魚雷艇
P.T.—7
船長 450ミリ
船巾 100ミリ
モーターマブチNO 55 1個
単2電池4本使用
450円
（モーター・電池別）
ゴム動力船 ゴム動力でよく走る
海底軍艦
（轟天号）
特殊ゴム巻機付
150円
大滝のスバラシイスピードレーサーカー
モンスター
全長 175ミリ
特殊モーター付
200円
（モーター付電池別）
“流星”
特殊モーター付
全長 270ミリ
200円
（モーター付電池別）
◎全国有名デパート・模型店・玩具店・文具店にて発売中!!
◎当社では直接販売はいたしません
有限会社 大滝製作所

出た＊＊＊＊＊＊＊＊＊!! © WALT DISNEY PRODUCTIONS

ディズニーシリーズの２号!!３号!!

《動くプラスチックモデル》

海底二万哩

●海底二万哩 ノーチラス号

ディズニーの冒険映画、海底二万哩の潜水艦ノーチラス号のプラスチックモデルです。ゴム動力で水中をスイスイ動きます。

ねだん…150円

●楽しい マンガパレード

第一列…砲台の上でミッキーマウスが指揮をとります。第二列…軍楽隊が足なみをそろえて行進します。第三列…大砲と兵隊が動きます。３つを連けつしてパレードのはじまり。

ねだん…250円

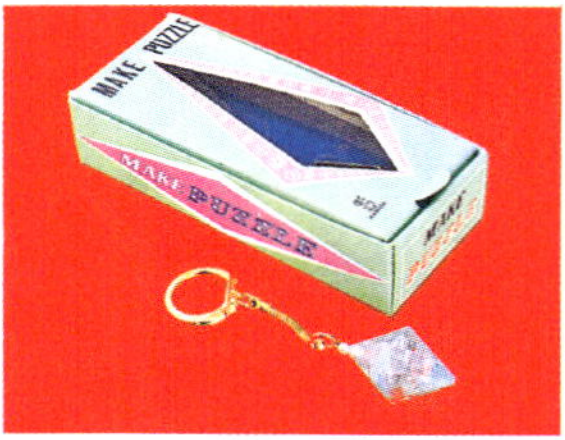

◀あたらしいメークパズル

すばらしいダイヤモンドをかたどったメークパズルができました。　ねだん…150円

＊新メークパズルとディズニープラスチックモデルはデパート・玩具店・模型販売店にてお求め下さい

株式会社　河田

東京都新宿区西大久保０－００　ＴＥＬ(000) 代表0000

スリルとスピードを楽しむ　ホームサーキット

●グランプリ・セット　9月下旬発売！

組立仕上り寸法――2.7m×1.3m

マルサン　スロット0レーシング

グランプリセット　¥14.850（税込）

●セットの内容

トランス	1.5A 16V	
スピードコントロール	40Ω・	2個
24インチ曲線		12本
16インチ直線		2本
12インチ直線		3本
12インチ　ターミナル		1本
ガードレール		12本
24インチ曲線・アウトスペンサー		12本
・エンドスペンサー		4本
橋脚台		30
橋脚柱		110
完成車	トヨペットクラウンデラックス 日産セドリック　スペシァル 共にモーターＦＴ16付	

●スロットレーサー用として

キット：

トヨペットクラウンデラックス 日産セドリックスペシャル	¥1,300
モーターＦＴ16付	
フォードＧＴ	¥1,800
ポルシェ　904	¥1,800

いずれもジャイアントモーター付

★ジャイアントモーター12Ｖ30,000回転

プラモデル・ファンに最も信頼されているマークです

忠実なスケール

MARUSAN PLAMODEL SAN

マルサンプラモデル

東京都台東区　寿0-0-0　TEL(000)0000(代)

・お近くの店でお求めになれなかった場合は東京都港区赤坂中ノ町0番地　ダイレクト・プランニングＫＫにお問い合わせ下さい

世紀の大怪獣

ゴジラ

○身長50メートル体重２万トン
（ライオン10万頭分）

○放射能の火炎攻撃が武器
○戦歴—キングコングをＫＯ
○性格—肉食獣で凶暴
○前科—東京・大阪城を粉砕
○声　—象とライオンと狼の混合

□リモートコントロール
モーターＴＫＫ　No.13 単３　２本使用

モーター・電池別　売価＝¥ 380

忠実なスケール

MARUSAN PLAMODEL　SAN

プラモデル・ファンに最も信頼されている"マーク"です

マルサンプラモデル

東京都台東区寿0－0－00　TEL（000）0000（代）

■アメリカ・ドイツ機甲師団シリーズ■

・スケール1/80　・組立分解自由　・プラケース入り

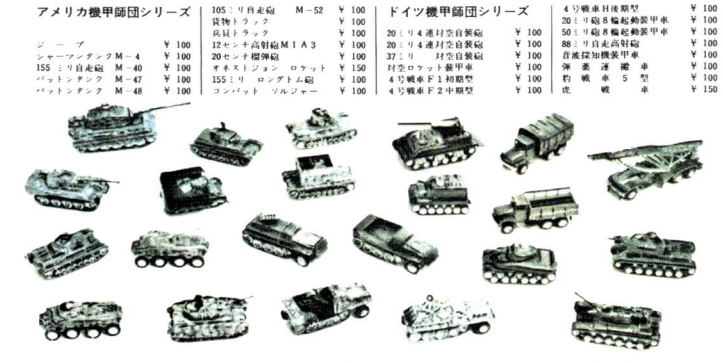

アメリカ機甲師団シリーズ

ジ　ー　プ	¥ 100
シャーマンタンクＭ－４	¥ 100
155 ミリ自走砲　Ｍ－40	¥ 100
パットンタンク　Ｍ－47	¥ 100
パットンタンク　Ｍ－48	¥ 100
105ミリ自走砲　Ｍ－52	¥ 100
貨物トラック	¥ 100
兵員トラック	¥ 100
12センチ高射砲ＭＩＡ３	¥ 100
20センチ榴弾砲	¥ 100
オネストジョン　ロケット	¥ 150
155ミリ　ロングトム砲	¥ 100
コンバット　ソルジャー	¥ 100

ドイツ機甲師団シリーズ

20ミリ４連対空自装砲	¥ 100
20ミリ４連対空自装砲	¥ 100
37ミリ　対空自装砲	¥ 100
対空ロケット装甲車	¥ 100
４号戦車Ｆ１初期型	¥ 100
４号戦車Ｆ２中期型	¥ 100
４号戦車Ｈ後期型	¥ 100
20ミリ砲８輪起動装甲車	¥ 100
50ミリ砲８輪起動装甲車	¥ 100
88ミリ自走高射砲	¥ 100
音波探知機装甲車	¥ 100
弾　薬　運　搬　車	¥ 100
豹　戦　車　５　型	¥ 100
虎　戦　車	¥ 150

○お近くでお求めになれなかった場合は、東京都港区赤坂中ノ町０番地　ダイレクトプランニングＫＫにお問い合せください。

⑧台目の車 ローラT-70 新発売

ローラT　70はフォードGTなどの貴重な経験をもとに作られた車です。パワー・ユニットは、様々ですが、フェラーリのエース、ジョン・サーティーズのローラは極めて速く各地のレースで優勝し、チャパラルやエルバのライバルとして有名です。

《ローラ模型要目》実物同様、マクラーレン・エルバの強敵が生れました。好評のスプリング・サスペンション・シャーシーをさらに改良したのです。伸縮の調整できるスイングアーム・10gのウエイトをつけたガイドシュー、その他ウエイトの問題や広いトレッド、威力のある車です。

¥,1000

参加しよう——

タミヤグランプリレース

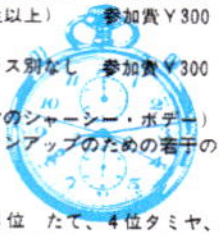

●種目
混合レース
A　ジュニアクラス（小学生迄）　参加費￥200
B　一般クラス（中学生以上）　参加費￥300
新製品レース
C　ジュニア・一般クラス別なし　参加費￥300

●参加資格
タミヤのキット（タミヤのシャーシー・ボデー）を使用すること（チュウンアップのための若干の改造は認める）

●賞品
優勝　カップ、2位・3位　たて、4位タミヤ、のキット（参加賞は全員にタミヤのカーボデー）

●開催日
毎月第3日曜日

●会場
中央区銀座8の5新橋センター3号館2階
銀座サーキット

●申込先
銀座サーキット

●主催・田宮模型・銀座サーキット

タミヤのサイドワインダー
試走—抜群のダッシュ

ダイキャスト製，サイドワインダータイプ・スプリングサスペンション付シャーシー、これが、今度発売される1／24ロータス40のシャーシーです。少ないパワーロスと静かな走向性、さらに抜群のダッシュとサイドワインダーの長所を十分に生かした設計はマニヤの皆様に自信をもっておすゝめ出来るものです。

4月下旬発売

自動浮潜式ミサイル潜水艦
好評発売中——￥100

毎月第3日曜日
タミヤグランプリを
銀座サーキットで開催

タミヤ 田宮模型
静岡市小鹿000 電話(00)0000～0

PLAMODEL SAN

東宝 ©1966

◆ 動く怪獣シリーズ

■世紀の大怪獣「ゴジラ」380円

●リモートコントロール
●モーターT・K・K No.13 単3＝2本使用
●ソフトビニール製「ゴジラ」¥350

■地底の怪獣「バラゴン」500円

●リモートコントロール
●モーターT・K・K No.13 単3＝2本使用

TVでおなじみの！

ウルトラQ

怪獣シリーズ

＊ソフトビニール製
＊価格＝各350円

●ナメゴン

●ガラモン

●ペギラ

●ゴロー

●カネゴン

●パゴス

●ゴメス

ウルトラQ
©円谷特技プロダクション 1966

SAN 株式會社 マルサン商店

東京都台東区寿0－0－00 TEL（000）0000（代）

●近くの店でお求めになれなかった場合は　東京都港区麻布竜土町00　ダイレクトプランニングKKにお問い合せください

ミドリの新製品シリーズはオール5の優等生です……

怪獣シリーズNO・2
好評近日発売

ビートル二世 BEETLE-II

- 全長 185m/m
- 全巾77m/m
- 高サ75m/m
- モーターTKK マチブ15
- 電池単3 - 2本

特徴

①前後輪駆動 ②前輪上下駆動により障害物および35度の坂をらくにのりこえます。
③赤外線照射ランプがつく ④レーダーアンテナ自動回転 ⑤ミサイル 2弾 発射
⑥4色カラーのプラスチックモデル

エコー"7《セブン》" ECHO"7"

強力ゼンマイモーターで
すごいスピードで走る!

- ミサイル自動発射1弾 手動2弾
- レーダーアンテナ自動回転
- 3色プラスチックカラーモデル
- 全長 166m/m
- 全巾 120m/m

株式会社 緑商会
東京都荒川区
町屋0〜0〜0

●全国有名デパート・模型店
玩具店でお求めください

NITTO
ニットーのプラスチックモデル
日東のウルトラ怪獣シリーズ
続々登場!!
海底怪獣
ワニゴン
新発売！
■全 長270mm ■組立簡単！■4ッ足でノッシノッシ歩く
■ゼンマイ動力付¥200
発売中！
大映映画
火炎怪獣
ガメラ
■全 長165mm■2本足で立って歩く■ゼンマイ動力付 ¥200
発売中！
大映映画
冷凍怪獣
バルゴン
■全 長175mm■2本足で立って歩く■ゼンマイ動力付
¥200
近日発売！
地底怪獣
ガマロン
■全 長170mm■組立簡単
■2本足で立って歩く■
ゼンマイ動力付 ¥200
新発売！
ノースアメリカン
F－5フリーダムファイター
■ジェット機シリーズNo.6 ■1/75スケール¥100
発売中！
■1/25スケール・全長247mm
■シャフトは全て金属製・組立簡単■新案リモコンスイッチはレバー1本で前後・左右・停止が自由自在にできる
自衛隊
61式タンク
■シングル ¥800
■リモコン ¥1,000
■全国有名デパート・模型店・玩具店でお求め下さい。
◀技術とアイデア▶日東科学教材株式会社
東京都江戸川区中央0丁目00—00 TEL (000)0000

ーが贈る夏のスペシャル・プレゼント

バルジ大作戦
CINERAMA
タイガーI型重戦車
全長230%砲頭旋回 全巾103%弾丸発射装置付
¥350
（モーター 電池別）
有限会社大滝製作所

新発売
名将兜シリーズ No.9
黒田長政
桃形大水牛脇立の兜
東京・黒田長礼氏蔵
定価 三〇〇円
縮尺1/4
アセンブリー
オールプラスチックモデル
株式会社
相原模型製作所

原子力潜水艦シュービー号
モーター電池別 ¥450
●ミサイル発射装置付●スイッチをいれるとスクリューがまわりライトがつく●小型潜水艇が浮沈装置になっていて3～4メートルごとに浮いたり沈んだりして走る●モーターマブチ No.15 電池単2－2本使用●ゴム動力のもあります。
KOGURE
株式会社 コグレ
東京都荒川区東尾久0－0－0
電話 東京(000) 0000代表

◎ボタン一つでミサイル発射！（弾丸2発）
《空想科学ミサイル艇》
《水陸両用 ゴム動力》
★お風呂やプールまで遊べる！
¥150
◎特殊スクリューギャ装置付
これが……アオシマの
SFサンダーセブン
①ゴム動力で陸上を快走する
②ゴム動力で水上をつっぱしる
③昇降舵の角度により自由に水中を浮沈する
④2個のロケットがスプリングで発射する
⑤市販のシャーシー1/32を取付けると簡単にレーシングカーに改造できます。
静岡市北安東町00
有限会社 アオシマ文化教材社

三共のマニア向け
精密国産車シリーズ
三共
新発売！
マツダファミリア
デラックス
● 1/32スケール ● プレハブガレージ付 ● ゼンマイ付 ¥220
● 他にコルト800，コロナデラックス近日発売
●全国有名デパート・小売店でお求め下さい。
株式会社 三共模型製作所

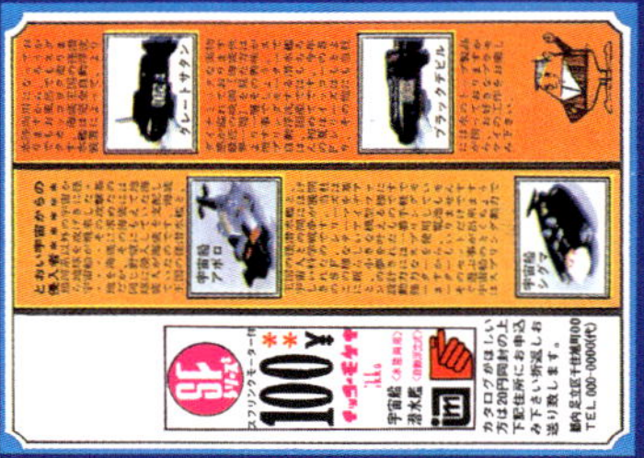
宇宙船 アポロ
宇宙船 シグマ
SFシリーズ
¥100
宇宙船 潜水艦
カタログがほしい方は20円同封の上下記住所にお申込み下さい折返しお送り致します。
TEL 000-0000(代)

世界にのびる田宮の模型
すばらしい性能の田宮のレーシングカーはアメリカをはじめオーストラリア、ドイツ、スイス、その他世界各地のレーシング場で大評判です
キングコブラ 新発売 ¥1,200
タミヤ
田宮模型
静岡市小鹿000 電話(00)0000-0

007
水中戦車-B
¥450
〈モーター電池別〉
■マブチ35モーター1個・単2電池2本使用
●ダイナミックな潜航を開始！深度は自由になります ●潜航舵と水平舵の調節ですばらしい自動浮沈が楽しめます ●レバーを押すと水爆発射！
●潜航中先端が障害物に当ると自動的にスイッチが切れます。
清水 今井科学株式会社 東京

●プラ・モケイは信用あるメーカーのものをお求めください

プラ・モケイ業界を代表する優良メーカ

応募方法は177ページにあります。みんなで考え、どんどん応募しよう

ミドリのSF.宇宙戦車

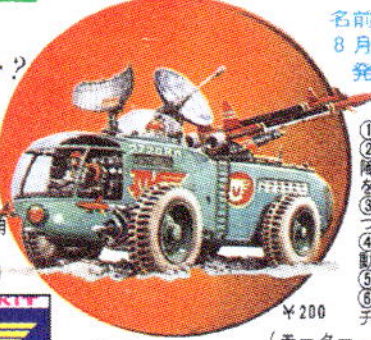

○○○
○○○号？

名前は少年キング8月6日発売号に発表します。

全長 185%
全巾 77%
高さ 75%

●モーター マブチF15使用
●電池 単3－2本使用

特徴
①前後輪駆動
②前輪上下駆動により障外物および35度の坂をらくにのりこえます。
③赤外線照射ランプがつきます。
④レーダーアンテナ自動回転します。
⑤ミサイル2弾 発射
⑥4色カラーのプラスチックモデル

¥200（モーター電池別）

PLASTIC·KIT KSN MIDORI

株式会社 緑商会 東京都荒川区町屋0～0～0

NITTO 日東の新製品…発売!!

世界最初の原子力空母 ¥100
エンタープライズ
全長 247mmゴム動力でジェット機も飛ばせる

大映映画の火炎怪獣ガメラ
全長165mm●ゼンマイで歩くハンドコン付 ¥200

全国有名模型店・デパート・玩具店・文具店でお求め下さい
日東科学教材株式会社 東京都江戸川区中央0丁目00 00 Tel (000)0000

ミツワの'66年型シボレー コルベット スティングレィ 新発売!!

MITSUWA MODEL

■1/24スケール■モーター付■単3電池2本使用
■だれにでも簡単に組立てられます。■¥350

ミツワモデル

ヤマダの新製品!!

パトロールボート87
●全長200mm●ゴム動力式 ¥150

高速魚雷艇 77 ●全長230mm●マブチモーターRE－14付
●単3電池2本使用●¥300（電池別）

山田模型

ハセガワの1/72シリーズ No.1
マクダーネルF-4 ファントムII

¥250（スタンダード） ¥350（メタリック）

H AUTHENTIC KITS HASEGAWA MODEL CO LTD JAPAN

長谷川製作所
静岡市東新田000－0

特賞

ブリジストン
高級自転車
5名

金賞

千円
100名

銀賞

プラ・モケイ
（このページのもの）
500名

左の賞品を正解者にさしあげます

プラモデルはマルサンの登録商標です

プラモデル SAN

地底の大怪獣
バラゴン

¥500
●リモートコントロール
●モーター T.K K No.13
単3＝2本使用

SAN 株式会社 マルサン商店
東京都台東区寿0−0−00 TEL(000)0000(代)

（アイウエオ順）

Fujimi
FUJIMIMOKEI CO., LTD.
作ったらまた！
おこづかいくれたよ
フジミの
建築《けんちく》モデル
国宝 姫路城《ひめじじょう》 縮尺1／300
大天守閣 ￥800
小天守閣 ￥700
ゴールド 白鷺　城 ￥850
お正月のお年玉でフジミ
の建築モデルを買ったら
パパとママが
社会科の勉強にも
なる良いモデル
だから集めたら
面白いと又、
おこずかい
をもらっち
ゃった。
法隆寺《ほうりゅうじ》五重《ごじゅう》の塔《とう》 縮尺1／150
全高212ミリ
色を塗らなくても写真の様な
モデルに組み上ります ￥700
ゴールド 五重《ごじゅう》の塔《とう》 縮尺1／150
全高212ミリ
白壁部品以外は全部金メッキ
してあります ￥850
金閣寺《きんかくじ》
全高100ミリ 縮尺1／150
4色成型してお
ります。 ￥350
国宝 銀閣寺《ぎんかくじ》 縮尺1／150
全高70ミリ
このモデルは4色です ￥250
■全国有名デパート、模型店、玩具店
文具店にて発売中！
■カタログのほしい方は切手40円同封の上お申し込み下さい
フジミ模型株式会社
静岡市高松000 電話（00）0000・0000

世界中の家庭に楽しさを贈る

イマイプラスチックモデル

今やプラスチックモデルは作る楽しさだけではありません“作る楽しさ”十《プラス》集める楽しさです。イマイカガクには、みんなが知ってる“オバケのQちゃん”やテレビでおなじみの“ひょっこりひょうたん島”や“おそ松くん”、その他テレビ、漫画の人気者がいっぱい居ます。早くお友達になってあげて下さい。

お母様へ！

イマイプラスチックモデルは単なる“玩具”ではありません。お子様の創造力と思考力・忍耐力を養う教材模型です。子供たちの購入希望品の上位にランクされております。お子様の夢を育ててあげて下さい。

今井科学株式会社

本　　社　静岡県清水市西久保000　TEL 0－0000（代）
東京営業所　東京都千代田区神田小川町0の00平岡ビル0階
TEL 東京（000）0000（大代表）内線000·000　直通（000）0000

毎週毎週《1000名》様にすばらしい《007シャツ》が当る
imai PLASTIC MODEL
007セール 只今実施中！
"イマイラッキーカード" を集めてお送り下さい 8月31日（消印有効）迄。
ひょっこりひょうたん島
《テレビ放映中》
《テレビ特別記者会賞受賞》
「さぁ！お友達と一緒に遊びましょう！」
●ひょうたん島より"博士"と"キャプテントラヒゲ"を取外し針金により自由にあやつり人形劇が楽しめます。
¥180
おなじみ イヤミ
作ってちょ！
●車輪が数字板になっていますからいろんなゲームが楽しめます
●イヤミが2輪車に乗って走ります
¥120
みんなのアイドル W《ワンダー》 3《スリー》
●W3がバネの力で動きます
¥150
ジャングル大帝
●水に浮きます
●レオの頭が動きます
●車輪が廻ります
¥150
潜水 鉄腕アトム
●ゴム動力で潜航します
●腕の角度により深度は自由
¥150
■全国有名デパート、模型店
玩具店にて発売中！
■カタログご希望の方は切手40円同封の上お申込下さい
静岡県清水市西久保000 TEL 0－0000（代）
今井科学株式会社

imai PLASTIC MODEL
作ろう！バットマンカー
モーターライズ
¥250
《モーター電池別》
バットマンカー No. 2
■13モーター1個単3乾電池1本使用
●ものすごい人気"バットマンカー" ●前輪がテーブルより落ちると自動的に方向を変えて走りますのでせまいテーブルの上でも落ちません
《12月中旬全国一斉発売》
〈レインボー戦隊《せんたい》ロビン〉
《発売中》
■13モーター1個単3乾電池2本使用
●秘密装置がいっぱい！ 楽しいですヨ！
¥350〈モーター電池別〉
マスコット怪獣 "ガルバ"
●ロケットを引き、はなすとガルバが進みます
¥50
《発売中》
マグマ大使 怪獣 "アロン"
●ゼンマイでごうかいに歩きます
¥200
《12月中旬全国一斉発売》
イマイテープレコーダー "キャナリー5《ファイブ》"
●トランジスター4石使用
●単2乾電池……2本
006P……1本
●往復24分間も録音できます。
●小型で持運びに便利です
●いつでも、どこでも、すぐ録音できます。
¥5,950
《発売中》
■模型店・玩具店・全国有名デパートでお求め下さい。
イマイプラスチックモデル
清水 今井科学株式会社 東京

PLAMODEL SAN

ノシノシ歩くプラモデル！

マルサン《怪獣シリーズ》

◆ウルトラマンは眼が光り、胸のカラータイマーが光る
◆誰れでも簡単に組立てられる　ギャーボックス付

ガラモン（モーター付）	￥650
パゴス（モーター付）	￥650
ペギラ（モーター付）	￥650
トドラ（モーター付）	￥650
大魔神（モーター付）	￥650
ビートル（モーター付）	￥400
カネゴン（モーター付）	￥800
ゴメス（モーター別）	￥450
ゴロー（モーター別）	￥450
バラゴン（モーター別）	￥500
ゴジラ（モーター別）	￥380
ネロンガ（モーター別）	￥500
ウルトラマン（モーター付）	￥800

プラモデル SAN
大評判
ウルトラQの怪獣シリーズ
人気者勢揃い！

ウルトラQ

SAN 株式會社 **マルサン商店**
東京都台東区寿0－0－00　TEL（000）0000（代）

近くの店でお求めになれなかった場合は　東京都港区麻布竜土町00　ダイレクトプランニングKKにお問い合せください。

プラモデル
SAN
・プラモデルはマルサンの登録商標です
マルサン《プラモデル》
怪獣たちのオンパレード
ウルトラQ
Ⓒ円谷特技プロダクション 1967
■リモートコントロールでノシノシ歩く！
●ゴロー（モーター別）¥450
●ガラモン（モーター付）¥650
●ゴメス（モーター別）¥450
●パゴス（モーター付）¥650
●ペギラ（モーター付）¥650
●レッドキング（モーター付）¥650〈新発売〉
●ビートル（モーター付）¥400
●ネロンガ（モーター別）¥500
●ギャンゴ〈新発売〉（モーター付）¥650
●ウルトラマン（モーター付）¥800
●トドラ（モーター付）¥650
●カネゴン（モーター付）¥800
●大魔神（モーター付）¥650
東宝
●エビラ〈新発売〉（モーター付）¥650
●バラゴン（モーター別）¥500
東宝
●ゴジラ（モーター別）¥380
東宝
Ⓒ円谷プロダクション
●〈新発売〉ブースカ（プラモデル）¥100
●〈新発売〉ジャイアントゴリラ（モーター付）¥1、200
ⒸMARIA PEREGO／小学館承認済
トッポ・ジージョ
プラモデル　¥200
●誰れでもすぐ組める
●ギターをかかえて首を振ります
●プラカラーでぬってください
SAN
株式會社 マルサン商店
東京都台東区寿 0－0－00
TEL（000）0000（代）
・近くの店でお求めになれなかった場合は東京都港区麻布竜土町00　ダイレクト・プランニングＫＫにお問い合せください。

新年あけまして
おめでとう！
サアー イマイ でスタート！
THUNDERBIRDS
新発売
●ゼンマイで走ります
¥250
THUNDERBIRD 2
★サンダーバード2号★
宇宙科学シリーズ
No. 3
《新発売》
バットマンカーNo. 3
●15モーター……1個単2電池……2本
●カムの取換によりいろんなコースを走るアクションカー
¥500〈モーター電池別〉
宇宙への夢は開く！
《新発売》
宇宙カプセル
ジェミニ7（セブン）
宇宙科学シリーズNo. 1
●先端のレバーを押すと飛行士が遊泳します
¥600
〈電池別〉
ベビーサンダー
●ゼンマイ
ゼンマイで歩き
ながらミサイル発射！
¥250
ラジオコントロールカー
アストンマーチンDB—5
■全国ですごい人気！ おもしろいですよ
¥6,500
〈電池別〉
マグマ大使
●バネの力で首がとび上ります
¥100
イマイプラスチックモデル
■模型店・おもちゃやさん
■全国有名デパートで発売中！

imai PLASTIC MODEL
でた!
サンダーバード!
イージーキット(モーター・配線ずみ)
だれにでもかんたんにできるよ!
サンダーバード
ジェットモグラタンク
すごいアクション!
モーター電池別 ¥450
★ジエットドリルを回しながらキヤタピラタンクが前後進します
★ジエットモグラだけでも前後進できます
★ジエットモグラの左右のキヤタピラが前後に動きます
★キャタピラタンクより弾丸発射が出来ます(6発入り)
全長 230％
ジエットモグラ→
MOLE
←キャタピラタンク
使用モーター
RE 14－1個
使用電池
単3－2本
イージーキット サンダーバード2号
モーター・配線ずみ
だれにでもカンタンにできるヨ!
モーター付 電池別 ¥600
★ジエットモグラ・4号・磁力けんいん車
ミニモデル入り
全長 250％
使用モーター
RE 14－1個
使用電池
単3－2本
コンテナ
これもっているとみんなの人気者になれるヨ!
バッチリ1時間! イマイ 提供(毎土曜日)
サンダーバードテレビ映画放映中!
関東地区－TBS(東京放送)PM. 4：30～5：30 九州地区－RKB(RKB毎日放送)PM. 4：00～5：00
関西地区－ABC(朝日放送)PM. 4：30～5：30 名古屋地区－CBC(中部日本放送)PM. 5：00～6：00
宇宙戦車 デスカバラ
でた
カッコイイ宇宙戦車!
★キャタピラにて前進します
★補助車輪はダブルタイヤで計8個
★透明ドームより内部の操縦室が見えます
★上部の集光板(太陽電池)が走行時回転します
全高 160％
使用モーター
マブチ13－1個
使用電池
単2－2本
モーター電池別 ¥400
スーパーマンカー
★ゼンマイ動力
★障害物に当るとスーパーマンがとび出します
★ミサイル発射
全長…138％ ¥150
SUPERMAN－CAR
キングコング 1ろう
目が光る!
★手を振りながら歩きます
★13モーター ギャーボックス取付けずみ
使用電池
単2－2本
全高 192％
モーター付 電池別 ¥700
IMAI PLASTICMODEL
プラスチックモデル 今井科学株式会社
■全国有名デパート・模型店 玩具店にて好評発売中!!
本社 静岡県清水市西久保000 TEL 0000－00－0000(代)
東京支店 東京都台東区蔵前0丁目0番0号(蔵前会館0階) TEL 00－000－0000～0

お茶間のアイドル！
プラモデル
SAN
● プラモデルはマルサンの登録商標です
新発売
© MARIA PEREGO
小学館承認済
トッポ・ジージョ
プラモデル
￥200
■1958年イタリアに生れる
■ギターを持って　首をふり
■軽快でユーモアな動きは
■全世界の子供達と大の仲よし
■プラカラーで自由に着色してください
SAN
株式會社
マルサン商店
東京都台東区寿 0 − 0 −00
TEL （000） 0000（代）
●近くの店でお求めになれなかった場合は　東京都港区麻布竜土町00　ダイレクト・プランニングKKにお問い合せください。

〒604-8790

025

〈受取人〉

京都市中京区梅忠町9-1

株式会社
青幻舎 行

料金受取人払郵便

中京局
承認

6239

(切手不要)

差出有効期間
2025年6月15日まで

お名前（フリガナ）	性別	年齢
	男・女・回答しない	歳

ご住所　〒

E-mail	ご職業

青幻舎からの
新刊・イベント情報を
希望しますか？

□する　□しない

読者アンケートは、弊社HPでも
承っております。

最新情報・すべての刊行書籍は、
弊社HPでご覧いただけます。

青幻舎　検索

https://www.seigensha.com

読者アンケート

ご記入いただいた個人情報は、所定の目的以外には使用いたしません。

〈プライバシーポリシー〉 https://www.seigensha.com/privacy

お買い上げの書名

ご購入書店

本書をご購入いただいたきっかけをお聞かせください。

□ 著者のファン　□ 店頭で見て
□ 書評や紹介記事を見て（媒体名　　　　　　　　　　　　　　　　　　）
□ 広告を見て（媒体名　　　　　　　　　　　　　　　　　　）
□ 弊社からの案内を見て（HP・メルマガ・Twitter・Instagram・Facebook）
□ その他（　　　　　　　　　　　　　　　　　　　　　　）

本書についてのご感想、関心をお持ちのテーマや注目の作家、弊社へのご意見・ご要望がございましたらお聞かせください。

お客様のご感想をHPや広告など本のPRに、匿名で活用させていただいてもよろしいでしょうか。

□はい　□いいえ

ご協力ありがとうございました。

アンケートにご協力いただいた方の中から毎月抽選で5名様に景品を差し上げます。当選者の発表は景品の発送をもってかえさせていただきます。

詳細はこちら https://www.seigensha.com/campaign

プラモデルとよべるのは“マルザン”だけです。

■マルザンSF＝キャプテンウルトラ・シリーズ

◀宇宙ステーション（シルバースター）¥650（モーター付）

完成ギヤーボックス付
新しいアクション・リモコン
で空間を右に左に動きます。(特殊テープ付)

▼シュピーゲル号　¥450
（モーター付）

1号、2号、3号が別れたり
ドッキングができます。
リモートコントロールで前後
に走ります。

◀ロボット・ハック ¥650（モーター付）

完成ギヤーボックス付
眼が光り、腕を振りながら、
リモコンで歩きます。

《ディズニー名作シリーズ》

■プラモデル・ステレオセット

© MCMLXIV WALT DISNEY PRODUCTIONS

◀クマのプーさん

◀バンビ

▶わんわん物語

▶ドナルドダック

■カラーがセットに入っていますので、きれいにぬってください。
■だれにも簡単に、すぐ組めます　■お子さまの机の上に、かざってください。
■立体写真(トップステレオ・カラー3色付)各¥500

リモコンで歩くミッキーマウス

完成ギヤーボックス
モーター付　¥650

K.K. マルザン
東京都台東区寿0－0－00
TEL (000) 0000(代)

●お近くの店でお求めになれなかった場合は、東京都港区麻布竜土町00　ダイレクトプランニングKKにお問い合せください

アオシマの
SF空想科学
モデル宇宙パトロール銀河隊シリーズ
AOSHIMAPLASTICMODEL
THUNDERMARINE
サンダーマリン
ステイングレイ
これが……SFモデルの決定版！
空飛ぶ……円盤(6発)発射する！
《新発売》
《水陸両用》
空飛ぶ円盤(6個)発射 SFモデル サンダーマリン THUNDER MARINE
¥250
¥250
(モーター電池 送料別)
水中モーター マブチS-1
↑を使用できる
宇宙警察 銀河隊
サンダーマリン
ステイングレイ
◎空飛ぶ円盤(6発)付
◎手動ゴム巻クランクで簡単に巻ける(7～8米)地上を快走する
◎ゴム動力で水上を走り回る(強力6枚スクリュー付)
◎特殊ギャー装置付 ◎ミサイルロケット(2発)発射できる
◎お風呂やプール・池で遊べるよ！
AOSHIMAPLASTICMODEL
宇宙警察 銀河隊
THUNDERSPACE
サンダースペース
《空・陸・水両用》
㊋空中ケーブル(糸を通して)にて走る
自動変更装置にて地上を快走する
㊏怪獣撃滅砲ミサイル(2発)発射する
㊌水上を走りまわる
お風呂やプール・池で遊べるよ！
¥150
(モーター電池 送料別)
水中モーター マブチS-1
↑が利用できる
宇宙警察 銀河隊
NEWTHUNDER7
ニュー サンダーセブン
《水陸両用》
◎お風呂やプール・池で遊べるよ！
◎水上を走りまわる
◎ゴム動力で地上を快走する
◎ミサイルロケット発射(弾丸2発)
¥150
(モーター電池 送料別)
水中モーター マブチS-1
↑が利用できる
AOSHIMAPLASTICMODEL
ドラゴン
宇宙パトロール銀河隊
ゴールデン ドラゴン
○ボタンを押すとミサイル発射
○自動浮沈装置付
〈ゴム動力〉¥80(送料別)
スピードボート ブルーバード
モーター13 1個
単3電池 2本
¥200(モーター電池 送料別)
ブルーバード号 BLUE BIRD
07-SK 115
ハイスピード
HIGH SPEED
プロペラボート ハイスピード
モーター13 1個
単3電池 2本
¥200(モーター電池 送料別)
ニュースーパーカー
◎ギャーの取替にて水上、陸上を走りまわる
〈水陸両用〉
モーター13 1個
単3電池 2本
¥250(モーター電池 送料別)
NEW SUPERCAR
ニュースーパーカー
SFパトロール銀河隊
J.サンダーセブンレインボー1型
◎左右の潜航舵の角度を変えると
いろいろの走り方をします
◎ミサイル2発発射します
〈ゴム動力〉
¥100
(送料別)
SF空想ミサイルカー
ベビーサンダーセブン
◎お風呂の中でとても
よく走るよ！
〈水陸両用〉
THUNDER7
¥50
(送料別)
水中モーター マブチS-1
が使用できる
有限会社
アオシマ
静岡市北安東町00
文化教材社

ミドリのS·F、ロボットシリーズ
どれをみてもトップクラスだ!!
地中戦車
キングモグラス
●ミサイル２弾ボタン発射
●ドリル自動回転キャタピラ駆動
●赤外線照射ランプ付
●登坂力45度
●モーターＦ15
●電池単３－２本使用
●全長190%
KM-7496
¥300
(モーター電池別)
宇宙戦車
ビートル二世
●全長185%　●全巾77%　●高サ75%
●モーターＴＫＫマブチ15　●電池単3－2本
❶前後輪駆動　❷前輪上下駆動により障害物および35度の坂をらくにのりこえます。
❸赤外線照射ランプがつく❹レーダーアンテナ自動回転　❺ミサイル２弾ボタン発射
❻４色プラスチックカラーモデル
¥200
(モーター電池別)
宇宙原子力自動車
エコー"7《セブン》"
強力ゼンマイモーターですごいスピードで走る!
●ミサイル自動発射１弾　手動１弾
●レーダーアンテナ自動回転
●３色プラスチックカラーモデル
●全長166%　●全巾120%
¥150
傑作ロボットシリーズ　各¥100 (モーター電池別)
ミサイルロボット
腕のミサイルをふりながら動く
ブラックサタン
アンテナも目も動く
スチールジャイアント
腕をふりレーダーも動く
モーターＦ－13
電池単３－１本
モーターＦ－13
電池単３－１本
モーターＦ－13
電池単３－１本
大けん賞アンケート当せん者発表
12月中の応募者多数の中から抽せんの上下記の方にすてきな大賞品を贈りました。
名古屋市中区門前伊藤彰一君以下100名
株式会社　緑商会　東京都荒川区町屋0～0～0

'白いしぶき!
すてきな性能…！ それは
コグレのSFシリーズです！
マーキュリー 2000
★すばらしいスピードで水上 陸上を走ります。
★ゼンマイ 動力ですから、だれでもかんたんに
組立てられます。お風呂でも楽しくあそべます。
￥250
シービュー号
★すばらしいスピードで水上を走
ります。水中でもすばらしいスピ
ードです★潜水深度も自由に調整
できます。★ライトがつきます。
★ミサイルを発射できます。
★子潜水艦を携行して
おります。
モーターNo.15、1個
電池単2、2本
モーター電池別
￥400
水中
ホーネット
★すばらしいスピードで潜航
します。
★潜航を開始したら深度も自
由に調節できます。
★お風呂でもあそべます。
お友だちといっしょにあそ
びましょう。
★モーターNo.15 1個
単2電池2本使用
モーター
電池別
￥400
バンガード 3号
★すばらしいスピードで 水上を走ります。
ゴム動力ですから、だれでもかんたん
に組み立てられます。
★お風呂でも楽しくあそべます。
￥150
アリバード S
★すばらしいスピードで水上 陸上を走ります。
★ゼンマイ 動力ですから、だれでもかんたんに
組立てられます。お風呂でも楽しくあそべます。
￥250
●全国有名デパート・玩具店
模型店でお求めください。
KOGURE
株式会社
コグレ
東京都荒川区東尾久0-0-0
電話東京(000)0000～0

空中も陸上 ゼンマイでもつっぱしる！
SPACE-BIRD
スペースバード
SF 対宇宙船重攻撃機
》新発売《
★空中をゼンマイでつっぱしる
★陸上をゼンマイでつっぱしる
★光速ミサイル2門発射
★連動引込式安定翼装備
大型強力ゼンマイ付
￥250
PAT. P 091510 091511
SPACE-BIRD
マルイプラスチックモデル
マルイ
マルイ ラッキー プレゼント
このモデルの組立説明書《くみたてせつめいしよ》の マルイ のマークをきりぬいて封筒《ふうとう》
でお送《おく》りください。抽《ちゆう》せんですばらしい賞品《しようひん》をさしあげます。
★1等 テープレコーダー……3名
★2等 トランジスタラジオ…5名
★3等 新型プラモケイ………10名
★申し込みしめきり 5月末日
★発表は賞品の発送をもってかえさせていただきます。
★全国有名デパート・模型店・玩具店・文具店でお求めください
マルイのプラモケイ
東京都足立区綾瀬0丁目00番地 株式会社 東京マルイ玩具模型部

OTAKI
PLASTIC MODEL

見て、買って、遊んで…楽しさいっぱい
大滝のS・F、戦車シリーズ!!

宙パトロール タンク ジェットドリル

●前部ドリル自動回転
●アンテナ自動回転
●ロケット発射
●電池単3－2本使用
●全長 200m/m

¥400（モーター付）

宇宙パトロール タンク ギランアルファ

●ライト点滅
●アンテナ自動回転
●ロケット発射
●電池単3－2本使用
●全長 180m/m

¥400
（モーター付）

宇《う》宙《ちゅう》パトロール マッハ

●ライトがつきます
●火花自動発射
●ロケット発射
●モーターマブチ15使用
●電池単2－2本使用

●全長 245m/m
●全巾 105m/m
●全高 70m/m

¥500

ドイツ装甲車《そうこうしゃ》ピューマ

●スケール $\frac{1}{35}$
●モーターマブチ15使用
●電池単3－2本使用

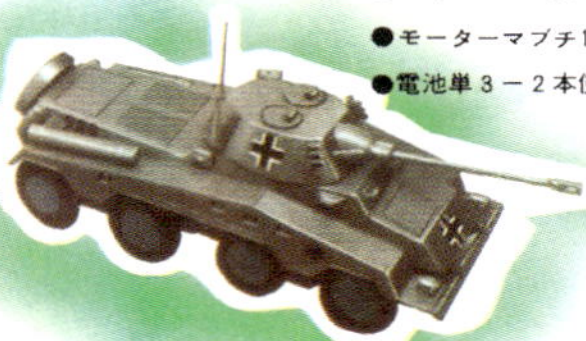

●全長 180m/m
●全巾 70m/m
●全高 65m/m

¥300

パンサーG《じー》型《がた》

●スケール $\frac{1}{48}$
●電池単3－2本使用
●全長 150m/m
●全巾 70m/m
●全高 70m/m

¥300（モーター付）

●全国有名デパート・模型店
玩具店でお求めください。

有限会社 大滝製作所

日東のプラス NITTO チックモデル

★ミリタリーシリーズ No.3

■M4−18TON トラクラーカーゴ

現在、自衛隊で使用されており、75㎜砲・105㎜砲・キャノン砲などのけん引車として活躍しています。最大けん引能力17.5t、この模型は実物を取材1/50精密スケールで再現！ 本体は箱型に成型されていますので組立てやすく、登坂力、スピード共に抜群です。車輪はサスペンション付・RE−14モーター・単3電池2本使用（モーター・電池別）￥300

★S・Fシリーズ

■ラセンタンク デルタ★2号

両側のラセン状のドラムが回転して走ります。普通の陸地での走行はもちろん、砂泥地や湖沼地帯までも自由に活躍する万能型の戦車です。全長171㎜・巾114㎜・高さ96㎜、モーターRE−14S取付けずみ・単3電池2本使用（モーター付）￥400

★S・Fシリーズ

■地底戦車 Z★ライザー

上下左右4本のキャタピラが回転し、ドリルも同時に回ります。横転しても走れる万能型地底戦車です。操縦席も自動反転装置でいつも路面と平行を保てます。全長193㎜・巾70㎜・高さ44㎜、RE−14モーター取付けずみ・単3電池2本使用（モーター付）￥400

★すばらしいアクション！

■走る F−111

特殊なギヤー装置で、自動的に前進・停止をし、走りながら主翼を開いたり閉じたりします。更に低速・高速の切りかえもすべて自動的にできます。モーターRE−14S・ギヤーなど本体に取付けずみ・単3電池2本使用（モーター付）￥600

★オートバイシリーズ

■スズキ A80

1/12スケール・メッキ部品付 ￥250

★オートバイシリーズ

■スズキ レーサー

1/12スケール・全長140㎜・メッキ部品付 ￥100

★オートバイシリーズ

■メグロ 白バイ

1/15スケール・全長140㎜￥100

タミヤのタンクを作ろう

新発売

ドイツ重戦車キングタイガー

1943年秋、ドイツ最高司令部は、タイガーⅠ型より優れたタイガーⅡ型重戦車の試作を命じた。この戦車の試作は急ピッチで進められ1944年5月、その名もキング・タイガーと名ずけられた量産車がロシヤ戦線に登場したのである。車体重量70トン、分厚い装甲をもち、どんな敵戦車をも打砕く88㎜砲を搭載したこの重戦車の前には敵はなく、第2次大戦に出現した最高の重戦車としての威力を誇ったのである。しかし戦局を挽回するには時すでに遅く485台のキング・タイガーが十分に活躍する間もなく終戦を迎えたのである。《模型要目》★全長210㎜、全巾106㎜、全高86㎜、★単2乾電池2～3本とRE―26モーター使用★車体全面につや消し加工がほどこされています。★走行性能が優れているゴムキャタピラの他に展示用に使用するプラスチック製キャタピラが入っていますから独特な複合車輪と合せて実感十分です。（¥ 600）

新発売

ドイツ重戦車ハンティングタイガー

ドイツは大戦末期にタイガーⅡ型の車体を利用して造った巨大な駆逐戦車、ハンティング・タイガーを戦場に送り込んだ、アメリカ、ロシヤのいかなる戦車でも一撃のもとに破壊できる強力な128㎜砲を搭載し、ドイツ陸軍最高の71トンという車体重量をもつこの戦車は、その重さゆえに機動性を欠いたが、この前に造られたエレファント・タンクより武装・装甲ともに秀れた性能をもち、連合国側の兵隊を恐怖のどん底に落し入れた戦車だ。　（¥600）

T-55

ソビエト中戦車
コマンダー

リモコン　550円
シングル　400円

★スピード競技大会の人気者

タミヤのT―55といえば戦車の競技大会によく出場する戦車だとすぐわかるほどスピード戦車だ。こんど、この戦車が改良されてスピード競技用のサイドワインダーのギヤーがつけられた。モーターはRE―14とNo.25モーターのどちらでも使え、乾電池は2本と3本のいずれでもO.K.スピードを出すならRE―14モーターに単2電池3本の組み合せが最高だ！

M・8

アメリカ6輪式装甲車
グレイハウンド

★モーター付で 300円

6つの車輪のうち後の4輪がモーターで回転する4輪駆動式の模型はプラ模型の中でも少しかわっていて面白い。減速して力をつけてあるから坂でもどんどん登るし、しかも後の4輪はモーターと一緒に上下に動くから少しぐらいの凸凹道も平気で乗りこえてしまう。モーターつきのキットだから単3電池2本を買うだけですぐ走る！

HONDA F-I

1／12大型精密スケールモデル新発売
タミヤのホンダF1とご指名下さい

田宮模型

静岡市小鹿 000 電話(00)0000-0

タミヤの製品をお選びください

イギリス陸軍46トン中型戦車（1/25スケール）

チーフテン　新発売　¥500

スピード競技用戦車はタミヤのチーフテンが一番です

このキットは従来のものと異なりサイドワインダー・タイプのギヤーが使用されています。このギヤーの長所はＲＥ14モーターとNo.25モーターの二種類が使用できるようになっていることです。そしてモーターを前後にスライド調整出来るこのギヤーは様々な歯数のピニオンギヤーをつけ変えることによって幾通りかのスピードに変化させることが出来ます。スピード競技用として最高のスピードアップをするときは回転数の多いＲＥ14モーターに歯数12のピニオンギヤーをつけ単2乾電池を３本使用してください。

1/35スケールシリーズは16台タミヤから発売されています

フランス陸軍中戦車ナポレオン………400円
ソビエト陸軍中戦車コマンダー………400円
アメリカ陸軍中戦車Ｍ４シャーマン…350円

グランプリシリーズNo.8（1/24スケール）

ロータス40　新発売　¥350

好評クイック配線

スピードを楽しむのにはタミヤのグランプリシリーズが一番です。キットは部品全部が一目でわかる真空包装ですから部品不足や粉失の心配がありません。ボデーは衝撃に強いハイ・インパクト製、シャーシーはモーターのコードをつなぐだけでＯＫのクイック配線式誰にでも簡単に出来るので大好評です。ストックカーのプリムス“ヒューリー”とフォード“ギャラクシー”は室内と室外用の２通りに使いわけできる二段変速ギヤーが入っているデラックスキットです。

①ポルシエカレラー６②プリンスＲ－380③エルバマクラーレン④プリムスフューリー⑤フォードギャラクシー⑥キングコブラ⑦ロータス－40⑧ローラＴ－70

ホンダＦⅠにご期待ください
1/12精密スケール《全長333mm》

２種類モーターが使用できるＳＦシリーズ

スパークエイト　¥120

水中モーターが取りつけられます

このＳＦボートにはクイック配線式電池ボックスがついておりますマブチ15モーターと単３乾電池２本使用します。またいま評判の水中モーターＳ１を船底に取りつけられます。

アタックファイブ（ミサイルが飛び出る）120円
ファイターナイン（　〃　〃　）120円

Ｏ式観測機　新発売　¥300

1/50日本傑作機シリーズNo.11

タミヤニュースご希望の方は30円切手同封の上申しこみ下さい。
１年分ご希望の方は切手180円（隔月出版年６冊）を同封して下さい。
あて先は静岡市小鹿000田宮模型「タミヤニュース係」

田宮模型
静岡市小鹿 000 電話(00)0000―0

ŌTAKI
PLASTIC MODEL
これが本当のスケールモデルだ!!
世界の名車 ホンダ・S800クーペ
左右のドアが開閉します
ヘッドライトがつきます
ボンネットが開閉します
トランクが開閉します
エンジンのプロペラ
シャフトは可動します
1/12 SCALE MODEL
内外とも完全スケール
●全長 278 m/m ●全高 101 m/m
●全巾 117 m/m
●RE 14モーター 1 個使用
●電池単 3 － 3 本使用
新発売
¥1,500
（モーター電池別）
ダッシュボードは
メカニックになっています
シャーシーは精巧で組立式です
前・後輪とも独立懸架装置です
ハンドルの方向指示器は可動します
メーター板は金属板を
取付けられるようになっています
全国有名デパート・模型店・玩具店で
お早めにお求めください
有限会社 大滝製作所

ハンドルで
おもいのままに操縦できる
まったく新しい無線操縦方式

プロポーショナル ラジオコントロール モデルカー

《日模》のプロコンシリーズ

Nichimo ELECTRONICS MODEL KIT

PROCON SERIES

アメリカ・イギリス等世界10ケ国に特許出願

Uni

1/15 トヨペット コロナ 2ドアハードトップ1600S

これはスゴイ!!
バックが自由自在だ!!

《新発売》プロコンユニ ¥9,800 全完成品（電池別）

スピード2段切かえ装置付

本物の自動車とそっくり同じに操縦できるオールアクション!!
最高級のプロポーショナル・ラジオコントロールカー、今まで不可能だった操縦がみんな可能になりました。S字バックもOK。車庫入れもOK！電波は50～100メートルもとどきます。

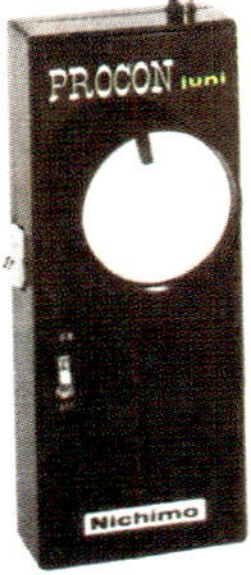

大好評発売中!!

プロコンジュニ ¥6,900 全完成品 電池一式付

お部屋で遊ぶときには低速で……外で走らせるときには高速で……
スピードの切りかえができる、すばらしい無線操縦のモデルカーです
もちろんハンドルで自由自在に操縦できるプロポーショナルです

自動車は1/24のマーキュリーパークレーン 2ドアハードトップの完全スケールで電波は50メートルから100メートルもとどく最高級品です

★ロッドアンテナ式：27メガサイクル
★発進・停止装置、スピード2段切かえ装置付
★トランジスター13石、ダイオード1個使用

プラスチック模型の綜合トップメーカー

● お求めは
全国有名デパート・模型店
玩具店でお求めください。

日本模型株式会社

栃木県佐野市久保町000TEL (0000) 0 -0000(代)

san

**プラモデルと呼べるのは
マルザンだけです**

あなたは《コーロギ》の構造を知っていますか?

●プラモデルの長所を生かして“生物の構造”について知識が深まります。
●いろいろな内臓や骨格が一目でわかります。
●小学校上級生以上のみなさんの実物模型です。
●小さなお子さんは、お父さん、お兄さんに手伝ってもらってください。

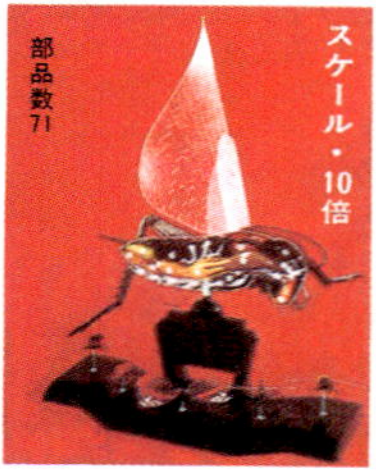

▶昆虫の不思議￥1、200

◀偉大なる頭脳￥3、000

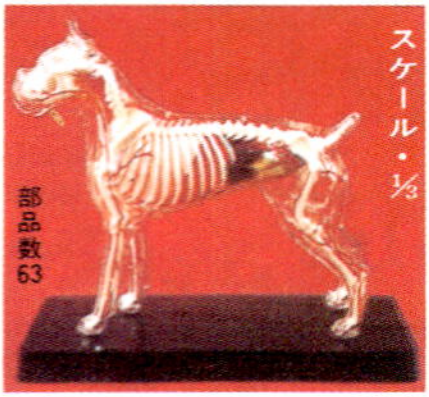

▶忠実な犬￥1、500

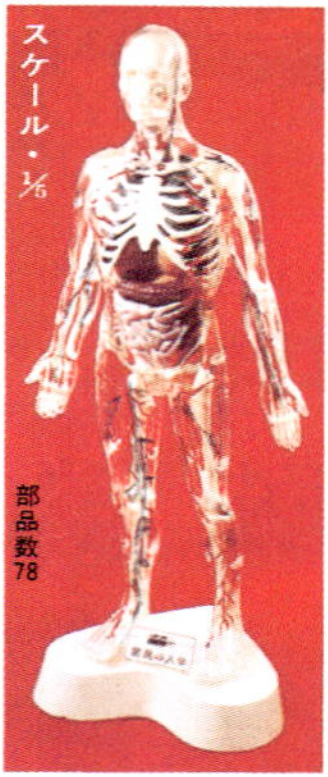

▶驚異の人体￥1、250

▲平和を呼ぶ鳩
￥1, 200

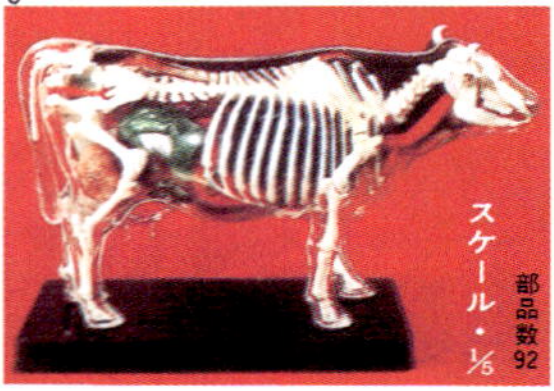

▶乳牛の秘密￥2、000

▲魚の神秘　￥1, 500

■好評発売中

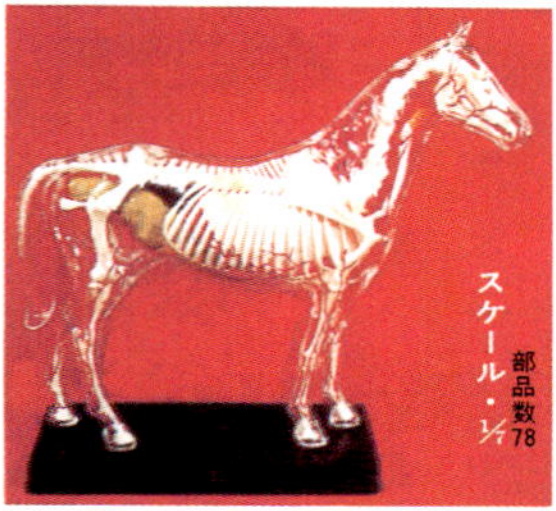

◀栄光の馬￥2、000

K.K. マルザン　東京都台東区寿0－0－00
TEL　(000) 0000 (代)

●近くの店でお求めになれなかった場合は　東京都港区麻布竜土町00　ダイレクト・プランニングKKにお問い合せください。

驚ろくべき精巧さ!実物にそっくり!!

Plastic Model

モノグラムの製品はたくさんの精巧な部品で出来ています。だから実物そっくりに、精密なモデルが出来るのです。低学年の方でも簡単につくれますよ

プラキットでいちばんできのよいメーカーのマーク
アメリカのモノグラム製品を求めよう。

Monogram®
quality hobby kits

ATC
株式会社 アサヒ玩具
東京都台東区蔵前0丁目0番地0号

music series

★★★★★★★★★★★★★★★★★★★★★★★★★★★★★★★★

ミュージックシリーズは日模か企画し、日本楽器など一流メーカーの協力を得て開発した世界でも初めてのユニークなプラスチックカラーモデルです　シリーズはトラムスの他にエレキハンド、ハワイアンハンド、タンゴハント、フラスハント、グランドピアノや渋く上品な邦楽楽器まで企画されています.

Nichimo
PLASTIC COLOR MODEL
ニチモ

日模のミュージックシリーズは第一弾のドラムス以来すばらしい人気です。
あなたのお部屋のアクセサリーに……
クリスマスのプレゼントに………
とにかくゴキゲンです!!

ミュージック・シリーズNo. 3
⅙完全スケールのミニチュアバンド・モデル

ハワイアンバンド

hawaiian band

このハワイアン・バンドは、ダブル・ベース、スチール・ギター、ビブラフォーン、セミ・アコースチック・ギター、ウクレレの5種類の楽器で構成されています。

アコースチック・ギターはぼかし塗装がされ、金属線の絃を使用しています。ダブル・ベースとウクレレでは実感を盛りあげるようナイロン製の絃を使用しています。ビブラフォーンは銀色メッキをし、スプリングと糸を使って実物同様に組立てています。スチール・ギターではボデーをライトグリーンのラッカー塗装し、セルロイドにホットスタンプ加工したフレット・マークを採用しています。以上のように各楽器を完全縮尺で模型化した、カラーフルですばらしいミニチュア・モデルです。

¥800

《大好評発売中》　ミュージック・シリーズNo. 2
¥500　⅙完全スケールのミニチュアバンド・モデル

エレキギタートリオ

このエレキ・ギター・トリオは、2種類のソリッド・ギターとベース・ギターにペア・アンプ、シングル・アンプ2台、マイクロフォンで構成されています。

それぞれのギターは、実物同様に塗装され、絃は実物の太さに合せて模型化された金属の線を使用しています小さい部品に至るまで忠実に縮尺されています。しかも合理的に設計されていますから、どなたにもやさしく組立てることができる最高級のミニチュア・モデルです。

すばらしい金管楽器のミニチュアモデル……
豪華なゴールドメッキの傑作!!逸品です!!

ミュージック・シリーズNo. 5
《¥200》

トロンボーン

ミュージック・シリーズNo. 6
《¥150》

トランペット

日模のミュージック・シリーズでは年内に次のキットを発売予定しています。

No. 4 〈エレキ・バンド〉……¥1, 500
No. 7 〈バンジョー〉………¥　150
No. 8 〈クラシック・ギター〉¥　150

どうぞ御期待ください。

プラスチック模型の総合メーカー
日本模型株式会社
栃木県佐野市久保町０００
TEL(0000)0-0000(代表)

INTERNATIONAL RESCUE THUNDERBIRDS SECRET BASE
君 知っている
飛びだすんだよ!!
イマイプラスチックモデル宇宙科学シリーズNo.27
国際救助隊
サンダーバード ひみつきち
秘密基地
全長――300 mm
全高――150 mm
全巾――420 mm
モーター.　ギヤーボックス.　配線取付け済み!
¥2,200
★1号・2号・3号・4号・5号が入っています
★ボタンをおすと1号・2号・3号が発射します
★2号発射の時ヤシの木が倒れて
発射台が上ります
★ひみつ倉庫には4号がそうびされて
います
IMAI
PLASTIC MODEL
東京　名古屋　大阪　今井科学株式会社　清水　藤枝
清水市西久保000　ＴＥＬ0000－00－0000(代)

THUNDERBIRD★★★火星探険機
imai
PLASTIC MODEL
ゼロX号
カッコいいモデル!!
ZERO X
★5ヵ所に分解できます
★全体・胴体は電動・探険車はゼンマイで走ります
★ミサイル発射装置付き
使用モーターRE・14モーター1個 使用電池単3－2本 ¥1,200 モーター電池別
TOYOTA 2000GT
日本の高級スポーツカーとしてファンの注目の的!
1/16SCALE MODEL
★スイッチにより前進・後進します ★ライトが点滅します ★ドアー開閉できます
使用モーターRE・26モーター1個 使用電池単3－2本 ¥700 モーター電池別
エックスカー THUNDERBIRD
おなじみサンダーバードで救出作業に大活躍!
THUNDERBIRD
EXCAVATOR
★左右の腕を動かしながら前進・後進します
使用モーターRE・14モーター1個 使用電池単3－2本 ¥400 モーター電池別
今井科学株式会社

大好評
発売中

イマイ キャプテンスカーレット
イージー スペクトラム基地

君にだけおしえる キャプテンスカーレットの秘密……

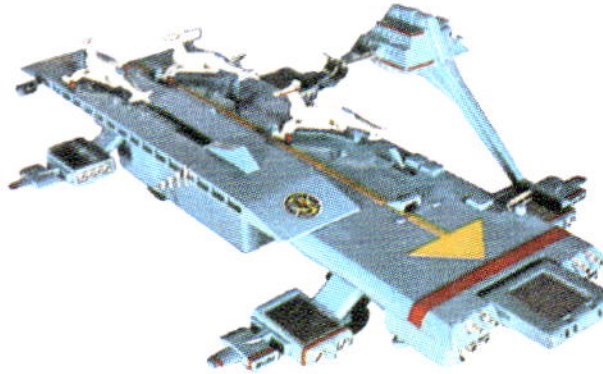

★エンゼル機が甲板を滑走し発進します
★水上でも陸上でも走ります

■RE－26モーター取り付け済み単3電池2個使用
■水陸両用で水上はポンプで水を噴出して走ります
■レバーを動かすとエンゼル機が甲板を滑走して飛び出します（エンゼル機3機つき）
■本体前部より大型ミサイル2発が発射できます
■ホーバークラフト（前部）が動かせます
■イージーキットですから簡単にでき上ります

RE－26モーター付　電池別　**¥700**

CAPTAIN SCARLET スペクトラム 秘密トレーラー

■RE－14モーター（スペクトラム秘密トレーラー）単3電池2個使用
■上のボタンを押すとコンテナが開き車内ボタンを押すと入っているミニ追跡戦闘車がとび出します
■ミニ追跡戦闘車、ミニ強力装甲車、ミニパトロール車のどれでも一台入れることができます
■後輪はダブルタイヤです
■前輪の方向をかえると回転走行します

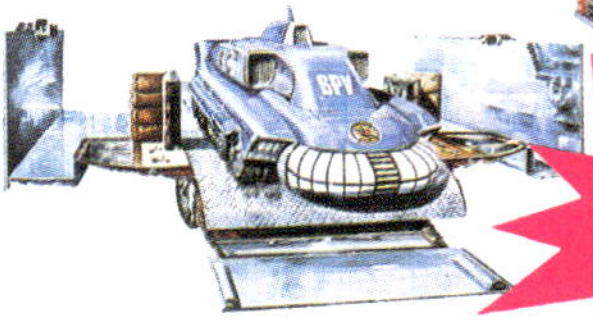

追跡戦闘車がとびだすぞ！

モーター電池別　**¥500**

今井科学株式会社
本社　静岡県清水市西久保000TEL0000(00)0000
東京 ――― 名古屋 ――― 大阪

ガンマー3号 ロケット戦車

(大型) キャタピラ駆動。パトロールランプ付ミサイル発射ジープ
内蔵モーターNo.13電池単3－2本使用 ￥500(モーター電池別
(小型) ゼンマイ駆動ミサイル発射　￥250

ガンマー3号 宇宙船

水陸両用、垂直上昇ファン可動、ゼンマイ付　￥250

ガンマー3号 宇宙ロケット

スプリング打上式発射基地付　￥150

東映
証認済

PLASTIC-KIT
KSN
MIDORI

株式会社　緑商会　東京都荒川区
町屋0-0-0

●新しいカタログをほしい方は50円切手を送って下さい。

アポロ1号（宇宙探険車）で出発

スーパースペースシリーズNo.1アポロ1号新発売

宇宙探険車を作ろう

アポロ1号は2人乗りの月世界探険車です凸凹の月の表面を平気で走るキャタピラのついたこの車は隕石や猛烈な太陽光線をさえぎる透明な風防におゝわれているカッコイイ車だ。車体の中央からは空にむかって3色の光をピカピカ発しながら、月世界の基地から未知の世界の探険に出発する。探険車の後には荷物を一杯積めるコンテナ・カーがついているよ、さあ、アポロ1号を作ろう！

★組みたてやすい!!

シグナル用のライトや車体に組みこまれたモーターからスイッチの配線まででき上っていますか組みたてが簡単です。

★どんな所でもよく走るキャタピラ車

キャタピラつきの探険車ですから戦車と同じように坂でも山でも何でも乗り越えて進むものすごい力もちです。電池は単2乾電池2本を使って下さい。

★三色のサインカラーを出しながら走る

スイッチを入れてみて下さい。車体の中央の円ばんが廻り3色の光が空に向って発射されます。暗いところで走らせても面白い探険車です。

田宮模型

静岡市小鹿 000 電話(00)0000−0

オカモトプラスチックモデル

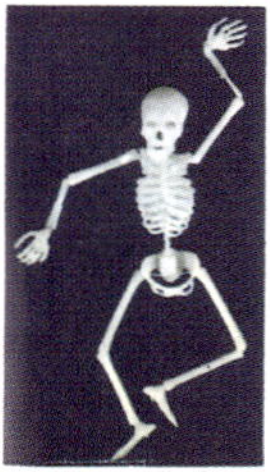

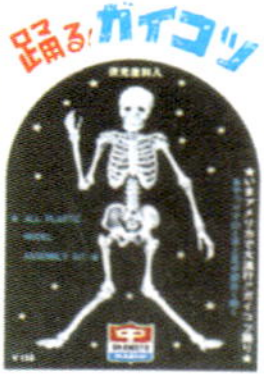

今アメリカでガイコツ

が大流行!! ガイコツ踊り

・暗やみで無気味に光ります

・あやつりで口と手と足がうごくので、
スリルまん点

★踊るガイコツ（夜光塗料）￥150

★黄金ガイコツ（金メッキ）￥180

OKAMOTO PLASTIC

岡本プラスチック模型

ミニミニお化け
シリーズ新発売

今年の夏は妖怪でいこう——

◆傘《かさ》男《おとこ》 その場でOK！接着剤はいりません
「けたけた」と音を出しながら、上下に面白く動く妖怪モデルです。動力付50円

◆下《げ》駄《た》郎《ろう》 その場でOK！接着剤はいりません
かさ男と同じようにフリクションで動く楽しい妖怪モデルです。動力付50円

◆黄金ドクロ 黄金の光をはなち、キッキッキィーと笑いながら走ります。ゼンマイ付 200円

★お近くのお店でどうぞ！

株式会社　中村産業

只今人気No.1の ワールドダイナミックシリーズ！ 1/24 SCALE

ゼネコン コロナ MARKII 《新発売！》 ゼネコン HONDA 1300

No.1 ハードトップ1900SL

No.2 77デラックス

ゼネコン でスピードコントロール
は自由自在に楽しめる！

F－M13モーター付
ゼネコン
（小型発電機）付

￥1,000

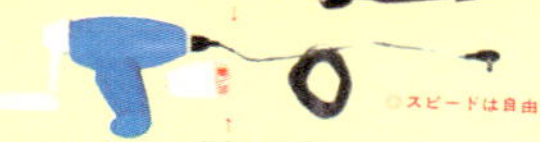

TOHO

ビルディングモデル
（霞ケ関ビル）

■1/500スケール
■貯金箱にもなります
■テーブルかざり台付
■全高330㎜

￥ 500

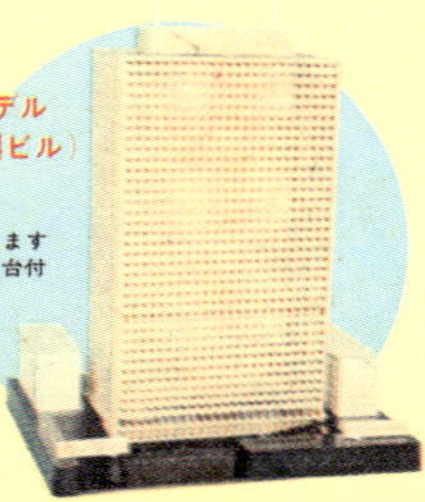

ボーイング747（ジャンボジェット）

■1／150スケール
■前後・左右に動くリモコン
装置　透明スタンドつき
■電池単2－4本使用
■モーターマブチFA－13
2コ使用
■全長450㎜　全巾380㎜

￥1000（モーター・電池別）

★全国有名デパート・模型店
玩具店にてお求めください

東宝模型工業株式会社
栃木県下都賀郡野木町野木000－0

OKAMOTO
PLASTIC
新発売!
オカモト、モンスターシリーズ
No. 1
怪人フランケン
¥250
No. 2
オオカミ人間
¥250
・両手をふりあげ、口から火を吹きながら、ノッシノッシと歩く
オカモトのモンスターシリーズで暑さを吹き飛ばそう
・ゼンマイ動力
・発火そうち付
オカモトのプラモケイはデパート、模型店、玩具店で売っています。
NAKAMURA
◆中村産業のS・Fシリーズで遊ぼう!!
フライングサンダー
●ゼンマイとモーターの2つの動力がワンタッチで作動します。ミサイル・機銃・レーダー・浮上ファンなどもすべて可動します。水中モーター使用も可能¥ 300
アタックシリーズ
ミサイルタンク ガネフ
●強力キャタピラで走りながら、ミサイル2基自動発射・ミサイル発射台も動きます。マブチモーターNo.13・単3電池2本使用¥ 400
アタックシリーズ
マイティーゲル
●親戦車の自動装置でゼンマイで走る小型戦車が発射します。レーダー・ミサイル2基も可動します。マブチモーターNo.13・単3電池2本使用・ゼンマイ付¥ 550
《怪奇不思議な貯金箱!》
ボタンを押すと不気味な手が飛びだしてお金を中に入れてしまう貯金箱!
ゴーストボックス
¥300(ゼンマイ付 電池別)
ミステリーバンク
MYSTERY BANK
¥350(モーター 電池別)
好評発売中!これは便利だ高級携帯扇風機!
No 1
スピードファンFAN
SPEED FAN
マブチRE14付
単2電池1本使用
¥250
一流デザイナーのデザインユニークなコンパクトタイプ
No 2
ミゼットファン
MIDGET Fan
マブチRE14付
単2電池2本使用
¥200
No 3 ミニファン
¥50
マブチRE14モーター使用
単3電池1本使用
(モーター電池別)
ARII
PLASTIC MODEL
有井製作所
埼玉県戸田市下前0−0−0
ODK
オダカのデラックスカブトシリーズ!
《源 義家》
《源 義経》
《楠 正成》
予定価
各 ¥1,400
●新発売●
★鎧櫃(よろいびつ)がついて、いちだんと豪華になりました。
★高級スケールモデル1/2
★全メッキつきの豪華部品入り。
●全国のデパート・模型店玩具店で好評発売中です
有限会社尾高産業
東京都葛飾区立石0丁目00番00号

PLAMODEL
san
プラモデルはマルザンの登録商標です
マルザンの
ウルトラホークシリーズ
ウルトラセブン
©円谷プロ
◆きみ持っている？
ぼく持ってるよ!!
ウルトラセブン ウルトラホーク3号 ULTRA HAWK UH-003
ULTRA HAWK UH-002 ウルトラセブン ウルトラホーク2号
ウルトラセブン ポインター
TDF PO-1
ULTRA HAWK UH-001 ウルトラセブン ウルトラホーク1号
■マグマライザー ¥500（モーター別）
ドリルと削岩ギヤーが回転し、キャタピラで
前後に走り、ミサイルがとびだします。
TDF MRI
《新製品》
■ウルトラホーク3号(A)¥500
ノンストップ、ミステリーアクションで
走りギヤーボックスにモーターがくみこ
んである。電池＝単2＝1本使用
■ウルトラホークシリーズには
この他各種(50円より)取揃えております
K.K. マルザン
東京都台東区寿0－0－00 TEL (000)0000(代)

4ツのボタンで自由自在に動く
楽しいリモコン戦車

勇ましいキャタピラの音と共にグングン障害物をのり越え、ボタンの操作で前進・後退、左右に、自由に操作できるリモコン戦車は家中みんなで楽しめる模型です。

実車どおりのキャタピラ
オリジナル戦車兵2体つき

高度な技術と豊富な資料がまたもすばらしい戦車を作りあげました。特殊材質のキャタピラはすばらしい迫力です。また戦車最高のアクセサリー、戦車兵がついています。

田宮模型
静岡市小鹿000 電話(00)0000～0

作りがいのある戦車
ドイツ陸軍パンサー中戦車(1/35)

世界中さがしてもこれほど精密な模型は見あたらないでしょう

RE-14モーター2個つき・リモコン戦車
¥850 新発売

334
タミヤオリジナルドイツ戦車兵
高度な技術と専門彫刻家により
制作されたすばらしい戦車兵
シルクスクリーン印刷によるデカール
国防軍・新衛隊のマークが
そろっています
スペアーキャタピラ

実車と同じように
ドライブホイルがキャタピラに
別パーツになっている道具類

喰い込み回転します

1/35スケールではじめての
試みすばらしい立体感です

334
後面のすばらしいモールド
完全な資料にもとずいてパンサーの
特徴ある後部上面のディティルを再現
防弾板地はだがたくみに再現
上部ドライブハッチ可動
カバーを開くとドライバーがはいっている
上下左右自由に旋回する機銃
前部ドライバーハッチ可動
防弾鋼板の溶接面の再現
立体感あふれるキャタピラ
ゴムキャタピラに変り特殊材質
によりキャタピラのパターンが
実物どおりに再現

TANK COLOR
戦車の塗装に
タンクカラー
オリーブドラブ色・ダークイエロー色 各350円

はじめてプラ模型をつくる人に
スピード競技を楽しむ人に

かっこいいカーモデルが簡単にできるRE—14Sモーターから配線・車体の組みたてまででき上っている半完成キット。だれが作ってもすごいスピードで走る.

現在第一線で活やくしている
名車を集めたクイックレーサーシリーズ

だれでも知っている名車を忠実にスケールダウンしたすばらしいボデースタイル.ミニカーのファンにもぜったい作ってもらいたいシリーズです.

田宮模型
静岡市小鹿000 電話(00)0000−0

1·2·3で できあがり
簡単にできてすごいスピード

クイックレーサーシリーズ
新発売＝300円

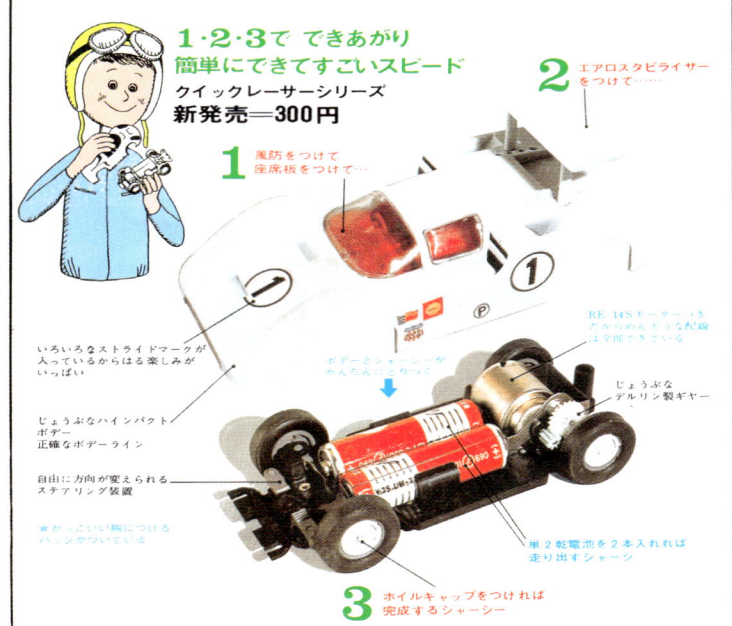

1 風防をつけて
座席板をつけて…

2 エアロスタビライザー
をつけて……

3 ホイルキャップをつければ
完成するシャーシー

いろいろなストライドマークが
入っているからはる楽しみが
いっぱい

じょうぶなハインパクト
ボデー
正確なボデーライン

自由に方向が変えられる
ステアリング装置

★かっこいい胸につける
バッジがついている

ボデーとシャーシーが
かんたんにとりつく

RE-14Sモーターつき
だからめんどうな配線
は全部できている

じょうぶな
デルリン製ギヤー

単2乾電池を2本入れれば
走り出すシャーシ

シリーズNO.1 ポルシェ カレラ-10

シリーズNO.2 チャパラル 2F

★世界の名車か集められるクイックレーサーシリーズ　NO.3ニッサンR381　NO.4ローラT70MKIII　NO.5フォード3ℓ

応援はことわろう
自分ひとりで完成させてこそ
君の実力もみがかれる

バンダイ エアリモコンシリーズ

自分の手で作った車にバッテリーボックスのコードをセットするだけで，今評判の空気で操縦するエアリモコンが完成する。設計も組み立てやすい やさしい設計。

パンサー

- 1／48スケール
- 単３乾電池２本使用
- 600円（RE－14Sモーター付）

ジャガーEタイプ

- 1／24スケール
- 単３乾電池２本使用
- 600円（RE－14Sモーター付）

フェラリー250GTO／LM

- 1／24スケール
- 単３乾電池２本使用
- 600円（RE－14Sモーター付）

バンダイ プラスチック モデル
アイデア募集中!

君のアイデアで豪華な賞品がもらえる。
箱の中の応募用紙をみよう。

Bandai Model　プラスチック モデル　Bandai

クールな水晶カットを基調にしたボディーライン

友だちが君のセンスの良さにまいってしまう

模型をえらぶときにもセンスは必要です。ランボルギーニ　マルツアルのこのラインは君のセンスの良さを象徴する。

ダイナミック シリーズ

6月下旬新発売　**ランボルギーニ　マルツアル**

900円（RE－14モーター）　〈1/20精密スケール〉

イタリアのカーデザイナー・ベルトーネがガラスを大胆に利用してデザインした夢のカスタムカーです。

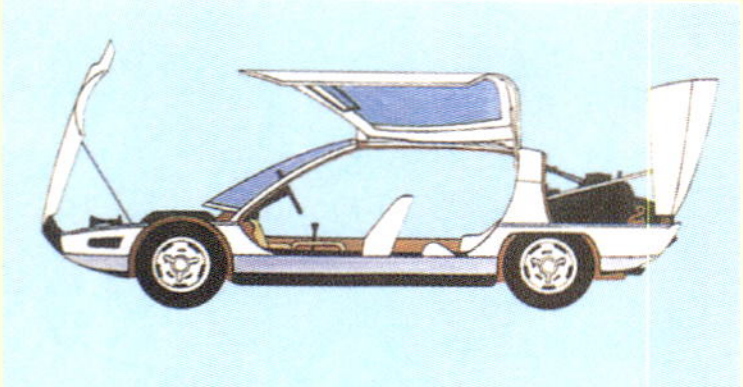

▷各パーツは精密に設計されています。
▷エアダクトの背面パネルに模型で初めてアルミ板を使用。特殊メッキなので玉虫のように光ります。
▷左右のドアがガルウィング式に上方に大きく開きます。
▷ボンネット・エンジンフードが開閉します。
▷ライトが点滅します。
▷単3乾電池2本使用

バンダイ プラスチック モデル
アイデア募集中!

君のアイデアで豪華な賞品がもらえる。箱の中の応募用紙をみよう。

Bandai Model

プラスチック モデル

Bandai

プラ模型で作ろう
アポロ

アポロシリーズNo. 1〈新発売〉

フライングアポロ司令船

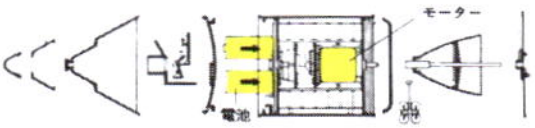

この模型は1/70に縮少されたスケールモデルです。キットは司令船と機械船の2つからなっています。司令船の中には3人の宇宙飛行士が入っています。機械船の中には色々な燃料タンクがとりつけられますが胴体の半分が開閉式になっていますから内部を眺めることができます。

モーターを使って飛ばすときには

機械船の中に上の図のようにモーターと電池を入れます。モーターの力によってロケットノズルの後にある透明のプロペラが回転します。天井から糸でつるして下さい頭の上をみごとに飛びまわります。電池の出し入れは司令船と機械船をはずしておこないます。(RE14モーター使用)フライングアポロは今大評判です。

¥300

アポロシリーズNo. 2〈新発売〉

アポロ着陸船イーグル

月着陸船イーグルは人類がはじめて月に上陸した記念すべき乗物です。無重力の月世界での活動を考えて設計されたので奇妙なスタイルをしていますが、模型でも正確に再現しています。完成した着陸船イーグルはでこぼこした月面の展示台に置かれ二人の宇宙飛行士の人形が一緒に飾られます。縮尺は司令船と同じ1/70ですからドッキングさせて飛ばせることも出来る楽しい模型です。 (250円)

1/12ビッグスケールシリーズNo. 4

ゴールドリーフロータス〈新発売〉

1,300円(モーターつき)人形つき

田宮模型

静岡市小鹿000 電話(00)0000-0

近日発売！
アポロドッキング
◎ドッキングが出来る
◎司令船と着陸船が別々になる
◎4色カラー月面図入り
¥200
(送料別)
アポロ司令船
着陸船付
司令船
コロンビア
着陸船
イーグル5号
◎司令船・着陸船がドッキング出来る
◎着陸船は月面に着陸出来る
◎4色カラー月面図入り
¥300
人類月に立つアポロシリーズ！
アポロ月着陸船
イーグル5号
★ハッチが開閉出来る
★脚にクッションがついている
★下降部と上昇部との切りはなしが出来る
★月面科学観測装置搭載
カラー月面図入り
★宇宙飛行士2人つき
¥500
(送料別)
人類初の月第一歩を記念す！
アポロサターン
◎アポロサターン5型は各部切りはなしが出来ます
◎第一段→第二段→第三段→機械室→司令室↓
緊急脱出ロケットが切りはなしできる。
←緊急脱出ロケット
←司令船
←機械船
←機械室
←3段目ロケット
←2段目ロケット
←1段目ロケット
◎4色カラー月面図入り
◎発射台が動きます。
¥200 (送料別)
ジュニア月着陸船
近日発売！
¥100
(送料別)
ベビー司令船
コロンビア
◎月面スタンド付
司令船
コロンビア
着陸船
イーグル5号
¥50
(送料別)
大好評発売中！
アポロ緊急作業車
司令船が上下に動く
上部ハッチが開くとそうじゅう者が出る
後部トランクが開閉
前部ハッチが開閉する
キャタピラで走行する
FA13モーター1個　単2電池2本使用
¥350
(モーター・電池送料別)
アポロ回収艦カプリー1
◎ドームの操作でこんなにいろいろの走りかたをします。
◎アポロも自力で水中を（ゴム動力）走ります。
4色カラー月面図入り
RE14モーター付
◎単2電池1本使用
¥400
(電池・送料別)
◎ジェットコプター2機搭載
有限会社
アオシマ
静岡市安東0－0－0
文化教材社

IMAI
イマイ
でた
精密3倍
カブト虫
自然科学昆虫シリーズ
カミキリ虫
クワガタ虫
カブト虫
精密3倍 カブト虫
■ゼンマイで歩きながら角が上下に動きます
■上ばねを開いたり閉じたりできます
最大長 200%m 最大巾 96%m 最大高 84%m
特殊ゼンマイ動力 ¥350
精密3倍 クワガタ虫
■ゼンマイで歩きながら大アゴが動きます
■上ばねを開いたり閉じたりできます
最大長 209%m 最大巾 115%m 最大高 48%m
特殊ゼンマイ動力 ¥350
精密4倍 ゴマダラ カミキリ虫
■ゼンマイで長い触角をゆらしながら歩きます
■上ばねを開いたり閉じたりできます
最大長 242%m 最大巾 85%m 最大高 73%m
特殊ゼンマイ動力 ¥350
泳ぐ動物とあそぼう
イージーキットで接着剤はいりません（モーター配線 ギヤー取り付け済み
金属包装の電池なら水の中でもＯＫ！（単３乾電池２本使用）
マジック カメくん
モーター付 電池別 ¥380
マジック ワニくん
モーター付 電池別 ¥380
マジック アヒルちゃん
モーター付 電池別 ¥380
マジック ゲンゴロウくん
モーター付 電池別 ¥380
宇宙艇アポロ1《ワン》
■接着剤不用のワンタッチ組立式
■ボディがクルクル回る宇宙っ子ボート
■単３乾電池１本使用
モーター付電池別
¥350
サブマリン707C
■自動浮沈装置ですばらしい潜航をします（潜航距離調整装置付）
モーター電池別 ¥350
サブマリン７０７B
■自動浮沈装置ですばらしい潜航をします（ゴム動力）
¥100
ジュニア７０７B
■潜航、浮上は自由になります
■ゴム動力で快走します
¥100
今井科学株式会社
本社 静岡県清水市西久保000
ＴＥＬ 0000(00)0000(代)
イマイ イマイ イマイ イマイ イマイ イマイ イマイ イマイ イマイ

WORLD PASSENGER AIRPLANE SERIES.

日東が総力を結集して製作した話題のジェット旅客機ボーイング727が今ここに、登場しました！

新発売

1号機の初飛行は1963年2月9日に行われ、12月24日にＦＡＡの航空証明を取得しました。
その後、現在のように大量輸送時代をむかえ、727-100型（標準型）の胴体を主翼の前後で3mずつのばし、エンジンの直前に非常口を設けた727-200型（胴長型）全長46.7m、全巾32.9m、全高10.4m、最大乗客数131名という機体が完成、1967年7月27日に初飛行しました。
200型は100型とほとんどかわりなく、胴体が6m長く乗客数が多くなっただけです。
727の最大の特長は離着陸滑走距離が短かくてローカル空港でもジェット機が使用できるということです。

BOEING 727—200

●ボーイング727●

●このキットは1／100スケールで全長467ミリ、全巾329ミリ、全高104ミリ、かざり台の高さ150ミリです。美しい透明スタンド付 ―― ￥500

●ボーイング747ジャンボ● 1／144S
●1／144スケールで全長489ミリで車輪から翼まで完璧です。日航デカール透明モデルスタンド付
￥ 600

●ＴＵ－144 ツポレフ● 1／132スケール
●ソ連最初のＳＳＴで1965年のパリ航空ショーで初めて姿を現わし、世界の話題となりました
全長415ミリ モデルスタンド付
￥300

●ＳＳＴコンコルド● 1／132スケール
●英仏共同開発の世界最初のＳＳＴで1969年に初飛行しました。全長425.8ミリ 美しい透明モデルスタンド付
￥ 350

スケールへの探究
アイディアの発見
製品への愛情

日東科学教材株式会社
東京都江戸川区中央0丁目00―00〒番号000
NITTO

技術とアイディア NITTO 日東科学

OH! HIGH ME—CHAN'IC

リモートコントロール
タンクシリーズ

●M−60KING PATTON（キングパットン）●T−55 COMMANDER（コマンダー）●M−41WALKER B-ULLDOG（ウォーカーブルドック）●CHIEF TAIN（チーフティン）●KING TIGER（キングタイガー）●PAN-THER-G（パンサーG型）

T−55 COMMANDER

リモートコントロール

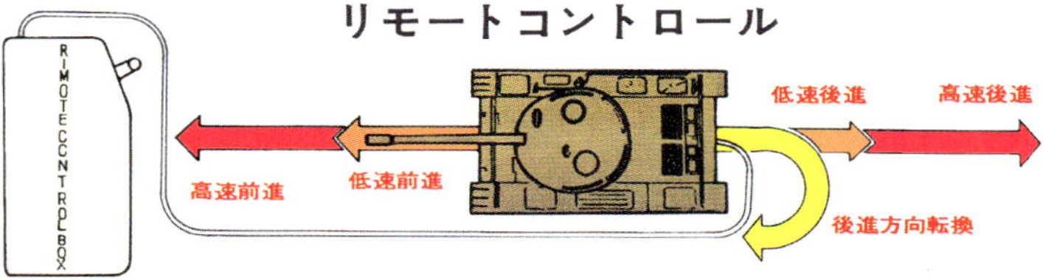

自動変速装置付のギヤーボックスが完成して入っています。モーター1個でこれだけの動きをするメカニズム。さっそく買ってきて研究してみて下さい。モーターRE−26、単II乾電池2本使用、ゼネコンの使用もできます。

（モーター電池別）￥250

地雷タンク発売中
地雷付
￥300

◎全国有名デパート・模型店・玩具店でお求め下さい。

MAC'S CAR
田宮模型
静岡市小鹿 000 電話(00) 0000-0
テレビ人気番組
ジョー90
空もとび地上も陸も走る
マックスカー
ジョー90シリーズNO.3
マックスカー デラックス 600円
ジョー90シリーズNO.1
マックスカー ゼンマイ 350円
ジョー90の精密な人形がついている
尾翼がスライドして後へ引き出せる
車輪が上る
左右の羽根がパチッと飛び出る
2つに折れて胴体に入る引込式車輪
★FA13モーターと単3乾電池2本で走る
ぼくはジョー90です。世界の平和のために戦うWINの隊員です。
父のマックレイン博士の設計した《マックスカー》で
大かつやくします。空を飛び地上も走る《マックスカー》
さあ《マックスカー》の模型を作ろう。
はじめて作る人でもかんたんに組立てられるのがこのキットの特長です。パパとママと家族のみんなで遊べる楽しい模型です。
★ジョー90シリーズNo.2 サムスカー 新発売300円(完成シャーシー・モーター付)
新発売
GERRY ANDERSON'S JOE 90
MAC'S CAR
★よい子の作るよい模型

U59  U87

どんな坂でもどんどん登るカッコイイ6輪装甲車――

SF装甲車シリーズNo.2
U87ストロンガー《新発売》400円

SF装甲車シリーズNo.1
U59ワイルドキャット《新発売》400円

〈ストロンガー〉大きな見とおしの良い運転室にベレー帽をかぶった２人の兵隊がのっています。車体の後ろに兵隊を入れる大きなスペースがあり横にふくらんだホイルキャップや特徴のあるヘッドライトはダイナミックな装甲車です。
☆車体の下部は丈夫なポリエチレン樹脂を使い接着剤をつける必要はありません。誰でもかんたんにできる組立キットです。☆単２乾電池２本とRE-14モーターをご使用下さい。

〈ワイルドキャット〉動物のサイを思わせるようなボデーに２人の操縦士が乗り危険な爆薬を積んで走る車がこのワイルドキャットです。取りはずしのできる運転室の屋根や分解の出来る車体の下部など面白い設計のS.F装甲車です。
☆６つの全部の車輪が歯車によって動き強力な馬力をもった６輪装甲車です。凸凹の道でも坂でもどんどん走る戦車も顔まけの装甲車です。☆後ろの４つの車輪が上下に動き障害物もわけなく乗りこえます。

田宮模型
静岡市小鹿000 電話(00)0000～0

サッカーの魅《み》力《りょく》を組み立てよう！

野球など、平凡なスポーツにあきたらないニクイ男のスポーツサッカー――バンダイの技術《ぎじゅつ》がこの“魅力”を初めてプラスチックモデル化しました。五角形と六角形を組み合せ、皮革《ひかく》の感じを盛りこんだボール。特殊製法《とくしゅせいほう》で底や甲等《こうなど》に皮革の感じを出し、スパイクには金属《きんぞく》感《かん》を強調《きょうちょう》した靴。心にくいばかりの配慮《はいりょ》が、部品のすみずみまでゆきとどいています。華麗《かれい》なマスコット＝“サッカー”で君の部屋を演出《えんしゅつ》しよう。

¥ 500

■サッカーの専門家《せんもんか》の意見《いけん》や、器具《きぐ》の提供《ていきょう》をうけて造った本格的《ほんかくてき》サッカー用具です。

■ボールは五角形と六角形で表面を構成《こうせい》、皮革の感じを出しました。

■靴は本物とそっくりの特殊製法《とくしゅせいほう》を採用《さいよう》、スパイクの金属感《きんぞくかん》もでています。

■マスコット、ルームアクセサリーに最高です。

バンダイ
東京都台東区駒形0-0-0
電話（000）0000
Bandai

OTAKI PLASTIC MODEL

消えゆく鉄路の王者!!

C62 蒸気機関車1/50モデル

C62は、つばめ・はと・はつかり等の先頭に立ち、日本国鉄史の最後を飾った、最大にして最強を誇る蒸気機関車である。

気筒520φ、500φ、500φ×660mm・使用圧16kg/cm²・火格子面積3.85m²・全伝熱面積244.5m²・機関車重量88.83t・水タンク22m³・燃料10t・製造1948—1949

- 全長……21475m/m
- 全巾…… 2800m/m
- 全高…… 3980m/m

新製品　1/50完全スケールモデル

- 全長…… 430m/m
- 全巾…… 56m/m
- 全高…… 80m/m
- 陳列台付(全長610m/m)
- 陳列ケース付 (610×110×115m/m)

定価 ¥1,800

有限会社 大滝製作所

● 全国有名デパート・模型店・玩具店でお求め下さい。

カッコイイ　水中モーター　マブチS-1《マブチエスワン》で3月《がつ》→8月《がつ》

カッコイイ　テープレコーダーが当る！

カッコイイ　マブチワッペン

水あそびセット

毎《まい》月《つき》毎《まい》月《つき》あたるヨ

2等《とう》
バンダイ水《べ》あそびセット
（ビニールプール・ビーチボール・うきわ）
毎月50名（合計300名）

1等《とう》
楽しいテープレコーダー
毎月30名（合計180名）

3等《とう》
ステキなマブチワッペン　毎月2.000名（合計12.000名）

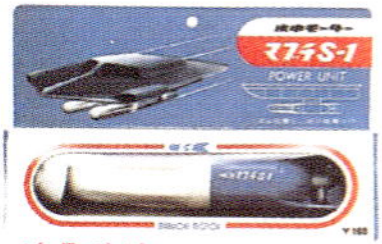

マブチS《エス》－1《ワン》
￥160

応募方法《おうぼほうほう》　★水中《すいちゅう》モーターマブチS《エス》－1《ワン》のマークを切《き》りとって送《おく》ってください。（1ヶ箱《はこ》、バンダイ水中《すいちゅう》モーターシリーズのどちらでもけっこうです。）

★〆《しめ》　切《きり》　第《だい》1回《かい》抽《ちゅう》せん〆切《しめきり》は3月《がつ》31日《にち》です。3月《がつ》から8月《がつ》31日《にち》迄《まで》毎月《まいつき》1回《かい》抽《ちゅう》せんを行《おこな》います。何回《なんかい》でも応募《おうぼ》できます。

★送《おく》り先《さき》　東京都《とうきょうと》葛飾区《かつしかく》立石《たていし》0－00－00　東京科学株式会社宣伝課《とうきょうかがくかぶしきがいしゃせんでんか》　マブチS－1プレゼント係《がかり》　氏名《しめい》・年令《ねんれい》・住所《じゅうしょ》は必《かなら》ず封筒《ふうとう》の裏《うら》にかいてください。

賞品《しょうひん》

1等《とう》テープレコーダー　毎月《まいつき》30名《めい》（合計《ごうけい》180名《めい》）
2等水《いべ》あそびセット　毎月《まいつき》50名《めい》（合計《ごうけい》300名《めい》）
（ビニールプール・ビーチボール・うきわ）
3等《とう》マブチワッペン　毎月《まいつき》2,000名《めい》（合計《ごうけい》12,000名《めい》）
（ジェット機・戦艦・レーシングカー・戦車）

マブチモーター
東京科学株式会社
東京都葛飾区立石0－00－00
TEL (000) 0000代表
協賛 バンダイ

夏休みの
楽しい工作は
これだ!!
強力ライトもついています。
ゼネコン
GENECON
このゼネコン1つでどんな
モータープラも動かせるよ!
GENECON
MABUCHI GENERATOR
小型手動発電機
500円
〈アオヤギ製〉
ゼネコン用
〈ギアボックス〉 120円
ゼネコンでモータープラを
動かしたいときは、この
ギアボックスにモーターを
はめこみ、モータープラに
つけるだけで動かせます。
(ギアボックスにはソケット
もついています。)
〈アオヤギ製〉
ゼネコン用
〈ソケット〉
20円
ゼネコンはこの箱に入って売っています。
箱とゼネコンのマークをよくおぼえてお
いてください。
どんなモータープラでも、
このソケットとゼネコン用
モーターを取りつければす
ぐゼネコンで動きます。
ゼネコンで動かすモーター
プラには、ゼネコン用モー
ター(FM-13=100円,RE-26=
110円)を使ってください。
GENECON
モータープラに
MABUCHI
MOTOR
マブチモーター
東京科学株式会社
東京都葛飾区立石0-00-00
TEL (000)0000代表

第３章
おもちゃ

新発売《しんはつばい》
スター人《にん》形《ぎょう》プレゼント
ワアー　ステキ！
舟《ふな》木さんにそっくりよ。
高さは30㎝あります。
舟《ふな》木《き》一《かず》夫《お》さん
人《にん》形《ぎょう》・20名《めい》
安《あ》達《だち》　明《あきら》さん
人《にん》形《ぎょう》・10名《めい》
梓《あずさ》みちよさん
人《にん》形《ぎょう》・10名《めい》
人《にん》気《き》スターをあなたのおそばに！
三《み》田《た》　明《あきら》さん
人《にん》形《ぎょう》・20名《めい》
太《おお》田《た》博《ひろ》之《ゆき》さん
人《にん》形《ぎょう》・20名《めい》
久《く》保《ぼ》　浩《ひろし》さん
人《にん》形《ぎょう》・20名《めい》
芸能 スター人形
NISSEIKAKO CO.,LTD
OSAKA
TOKYO
あなたの大《だい》すきな人《にん》気《き》スターのお人形《にんぎょう》ができました。
さっそく、100 名《めい》の方《かた》に、プレゼントします！ 54ページのきまりをみて、あなたもすぐ申《もう》しこんでね。

チャームになったタミーちゃん!!
アラビアンナイトの童話にでてくるような
お城につゝくかいだん。その上で遊んでいる
タミーちゃんは，今までとちがいますね。そうです
新しいタミーちゃんは手足が自由に動くのです
ますますステキになったタミーちゃんと
これからも仲良くして下さいね
全国デパート・有名おもちゃやさんにて発売しております。おねだんは　ポーズタミーちゃん　1,000円。
ポーズペパーちゃん　700円。着せかえドレスはいままでのものと同じです。
アメリカ生れの着せかえ人形
ポーズ タミーちゃん　ポーズ ペパーちゃん
すばらしい〈にんぎょう〉………それは
IDEAL《アイデアル》
日本アイデアル・トイ・コーポレーション
東京都台東区寿0丁目0番0号 TEL (000)0000

バービーの妹《いもうと》…
スキッパーちゃんです！
背中《せなか》まである長《なが》いかみ……金《きん》のヘアーバンドをしています。お姉《ねえ》さんといっしょのアメリカ生《う》まれ、わたしもかわいがってネ。デパート・有名玩具店《ゆうめいがんぐてん》にあります。お値段《ねだん》は700円《えん》より・他《ほか》に着《き》せかえセット350円《えん》より、たくさんあります。
お姉さんのバービー
MATTEL INC
M
TOYMAKERS
アメリカ マテル社製
KB 株式會社 國際貿易
提供テレビ番組「パパ大好き」毎週(月)午後 6:15～6:45フジテレビ他6局札幌テレビ／毎週(土)午後 3:00～3:30

歩きながら
頭をふり
手が動く　ねむり人形
マーガレットちゃん
〈デラックス〉
新発売
大きさ
60cm　2,200円
55cm　1,650円
50cm　1,450円
46cm　1,100円
全国のデパート・おもちゃ店にあります。品切れの時は、下記の中島製作所へ現金書留でお申込み下さい。送料サービスですぐお送りします。
ジェスチャードール
株式会社　中嶋《なかじま》製作所《せいさくじょ》
東京都江戸川区東小松川 0―0000
電話（000）0000（代表）

可愛《かわい》い
ルビーちゃん
ピーボーピーボー
秋《あき》の野山《のやま》が待《ま》っている
ルビーちゃん行《ゆ》こうよ
ロマンスカーはいかすネ
※全国のデパート、有名おもちゃ店で発売しております※

前回《ぜんかい》の楽《たの》しいプレゼントの懸賞募集《けんしょうぼしゅう》にはたくさんのお便《たよ》りをいただきましたが、数少《かずすく》ない当選者《とうせんしゃ》のため皆さん全部《ぜんぶ》にルビーちゃんを差《さ》し上《あ》げることができず、残念《ざんねん》に思《おも》っております。
次《つぎ》の機会《きかい》にはふるってお便《たよ》り下《くだ》さい。
またルビーちゃんについてお気付《きづき》の点《てん》がありましたら、当社《とうしゃ》ルビーちゃん係《がかり》までおハガキ下《くだ》さい。

新堀産業有限会社《にいぼりさんぎようゆうげんがいしや》
ルビーちゃん係
東京都葛飾区四っ木0丁目0番0号
TEL (000) 0000番

21 ジーアイ・ジョーは21カ所がすきなように自由に動くアメリカ生れの新製品です

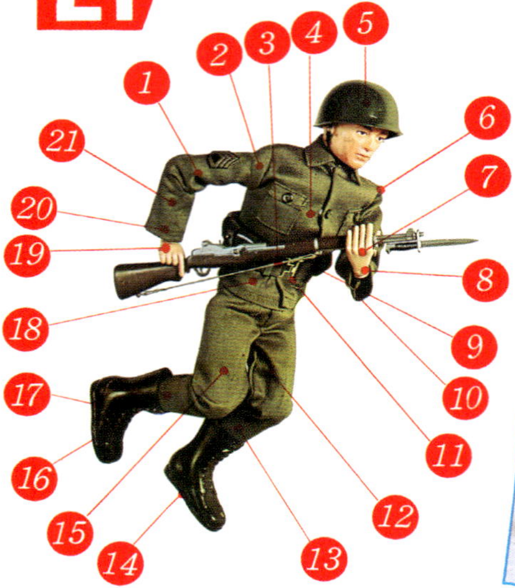

GI JOE ジーアイジョー

さあ！ジーアイ・ジョーで楽しく遊びましょう

全国デパート・有名おもちゃやさんで発売しております。おねだんは1,500円より。
ジーアイ・ジョーの大きさは、高さ30センチ。
着せかえ軍服・兵器セットもたくさんそろえております。おねだんは100円から1,200円まで。

三栄貿易株式会社〔国内部〕東京都台東区寿0丁目0番0号　TEL(000)0000~0

1人で9役《やく》!! キャプテンアクションは体《からだ》が自由自在《じゆうじざい》に動《うご》く、すごい冒険人形《ぼうけんにんぎょう》！ 1つの人形《にんぎょう》で顔《かお》や姿《すがた》が、バットマンや、スーパーマンなどの世界中《せかいじゅう》のテレビで活躍《かつやく》している大人気《だいにんき》の勇者《ゆうしゃ》にパッと早変《はやがわ》りさあ！ みんなで楽《たの》しく遊《あそ》ぼう……

ぼくらのペット いよいよ 日本《にほん》で発売《はつばい》！

11月1日一斉発売《せいはつばい》

全国デパート・有名《ゆうめい》おもちゃやさんでお買求めください。おねだんは、1、600円《えん》から1、700円《えん》。キャプテンアクション人形《にんぎょう》の大《おお》きさは高《たか》さ30センチ。着《き》せかえは9種類《しゅるい》、おねだんは900円《えん》。

CAPTAIN ACTION
FLASH GORDON
UNIFORM AND EQUIPMENT
FOR CAPTAIN ACTION

CAPTAIN ACTION
SUPERMAN
UNIFORM & EQUIPMENT
FOR CAPTAIN ACTION

CAPTAIN ACTION
THE LONE RANGER
UNIFORM AND EQUIPMENT
FOR CAPTAIN ACTION

CAPTAIN ACTION™

キャプテン アクション

すばらしい〈アクション〉……それは IDEAL《アイデアル》

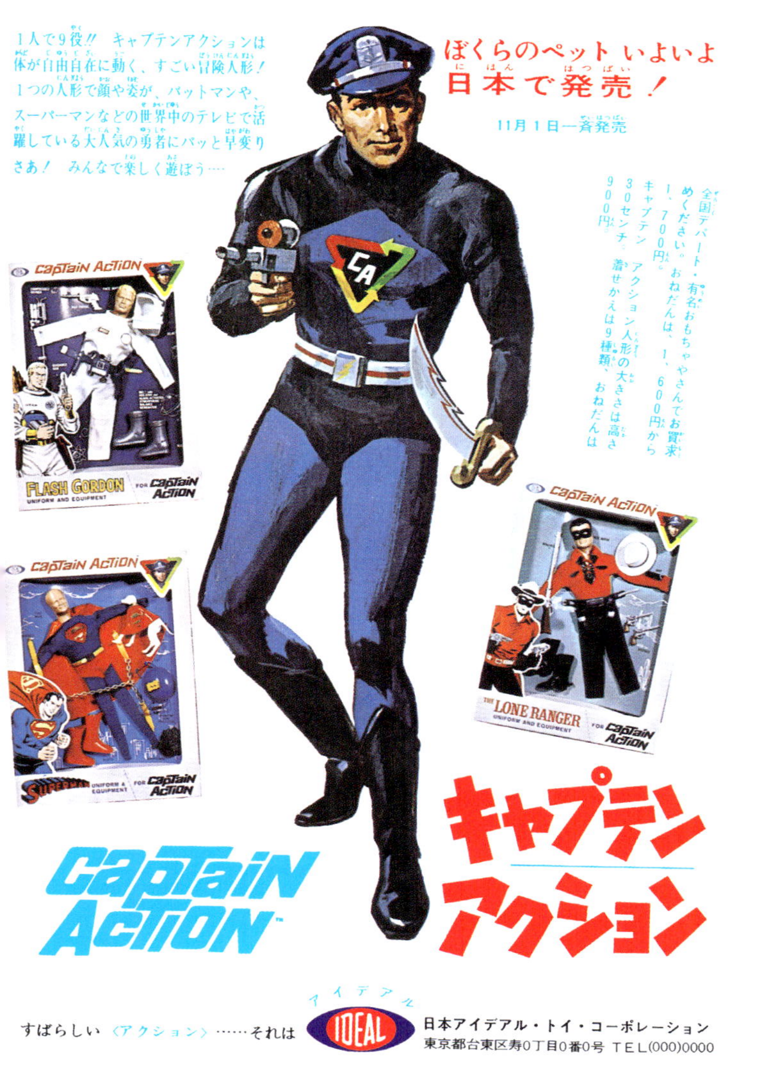

日本アイデアル・トイ・コーポレーション
東京都台東区寿0丁目0番0号 TEL(000)0000

今日《きょう》は楽《た》しいタミーちゃんの大パーティ！
スタイルのよいタミーちゃんは、お洋服《ようふく》ばかりでなく、きものでも鼓笛隊《こてきたい》のユニホームでもよく似合《にあ》いますね。みなさんもお友《とも》だちとかわいいタミーちゃんのパーティを開《ひら》いてください。
全国デパート・有名おもちゃやさんで発売しております。おねだんは800円から1,500円。
タミーちゃんの大きさは、高さ30センチ。着せかえドレスもたくさんそろえております。おねだんは350円から800円。
アメリカ生れの着せかえ人形
タミーちゃん
すばらしい〈にんぎょう〉…それは
アイデアル
IDEAL
日本アイデアル・トイ・コーポレーション
東京都台東区駒形0丁目0番0号 TEL (000)0000

お人形に名前がつきました
夢みるファッション人形
スカーレットちゃん
10月7日より19日迄銀座松屋5階
おもちゃ売場にて、マーガレット
大会を開いております。いろいろ
の賞品が当るクイズもあります。
手や足が自由にまがるので
いろいろなポーズがとれます。
ドレスの着せかえも出来る
すてきなファッション人形です。
全国のデパート・おもちゃ店で発売して
おります。着せかえのドレスセットも、
たくさんそろえてあります。
No. 1003
¥ 1,000
No. 1006
¥ 1,000
No. 1301
¥ 1,300
No. 1010
¥ 1,000
No. 1008
¥ 1,000
No. 901
¥ 900
No. 1011
¥ 1,000
亀のマーク
株式会社 中《なか》嶋《じま》製《せい》作《さく》所《じょ》
東京都江戸川区中央一丁目0～0
電話 (000) 0000 (代表)

★ジーアイ・ジョーは本《ほん》ものそっくりに動《うご》くカッコいい兵隊《へいたい》です。おねだんは、1500円《えん》・1800円《えん》
★陸軍《りくぐん》せんとう服《ふく》・陸軍《りくぐん》MP・海《かい》兵隊《へいたい》パレード服《ふく》・ジェットパイロット・宇宙飛行士《うちゅうひこうし》などたくさんのG.I.JOE《ジーアイ・ジョー》があります。
★着せかえの軍服《ぐんぷく》・兵器のセットが、43種類《しゅるい》もあります。おねだんは、100円《えん》から1200円《えん》まで。
★デパートか有名《ゆうめい》なおもちゃやさんで売《う》っています。

バズーカ砲セット ── #7532
¥900

潜水兵セット─#7620
¥1200

ライフボートセット─#7801
¥500

三栄貿易株式会社(国内部)東京都台東区橋場0−0−00 電(000)0000~0

1人で10役!! さあみんなで遊ぼう……
キャプテン・アクション
キャプテン・アクションは体が自由自在《じゆうじざい》に動く　すごい冒険人形《ぼうけんにんぎょう》！
1つの人形で顔や姿が　バットマンやスーパーマンなど、世界中の
テレビで活躍《かつやく》している大人気の勇者《ゆうしゃ》にパッと早変り。
全国デパート・有名おもちゃやさんで発売しております。おねだんは1,600円から1,700円
キャプテン・アクション人形の大きさは高さ30cm。着せかえは10種類、おねだんは900円
CapTaiN AcTiON
すばらしい〈アクション〉…それは
アイデアル
IDEAL
日本アイデアル・トイ・コーポレーション
東京都台東区駒形0丁目0番0号TEL(000)0000

全国デパート・有名おもちゃやさんでお買い求めください。0011・007人形の大きさは高さ30センチ。
人形のおねだんは700円から800円。着せかえ・秘密兵器セットは19種類。おねだんは150円から500円まで。

三榮貿易株式會社（国内部）東京都台東区駒形0丁目0番0号　TEL(000)0000～0

隊長めいれい！
宇宙ステーションへ
ぜん員集合！
MATTEL, INC.
TOYMAKERS
キミが宇宙探検の隊長だ　アメリカの宇宙計画どおりにつくられた宇宙モデル《スペースマン》宇宙でかつやくするスペースマン　たくさんの設備をもった宇宙ステーション　さあ　キミの夢は宇宙にひろがる！
MATTEL'S MAN IN SPACE
MAJOR MATT MASON
スペースマン
宇宙モデルセット￥550より
その他デラックスセットがたくさんそろっています
ⓀⒷ 株式會社 國際貿易
ちびっこ怪獣ヤダモン●ＴＶ番組
(月)ヨル7:00～7:30／フジ・東海・関西・仙台・テレビ西日本　(月)ヨル6:15～6:45／広島テレビ
(日)アサ10:30～11:00/札幌テレビ ヨル6:00～6:30/福島テレビ　(土)ヨル6:15～6:45/西日本テレビ

tammy
★アメリカ生まれの着せかえ人形★
Pepper
がんばってねえ―タミーちゃん
ほら、飛《と》んでくるわよ
マリちゃんもユミちゃんも……
みんなで、いっしょに応《おう》えんしてね
大《おお》きな声《こえ》で元気《げんき》よく
タ・ミ・ー・ち・ゃ・ん・優勝《ゆうしょう》してネッ
タミーちゃんの大《おお》きさは、このバトミントンを持っている写真《しゃしん》と同《おな》じ大《おお》きさです。手《て》と足《あし》がお好《す》きなように曲《ま》がる
〈ポーズタミーちゃん〉もあります
IDEAL
アメリカ生まれの着せかえ人形
タミーちゃん
tammy
今週の
〈タミーちゃんフレンド〉
タミーちゃんは、着《き》せかえドレスがたくさんあるから、とても楽《たの》しく遊《あそ》べます。
東京《とうきょう》・調布市《ちょうふし》 薑 りかさん(小４年)
★タミーちゃんには、かわいい妹《いもうと》ペパーちゃんがいます。かわいがつてね。
★アメリカ生《う》まれのタミーちゃん・ペパーちゃんは、全国《ぜんこく》のデパートや有名《ゆうめい》なおもちゃやさんで売《う》っています。
おねだんは、800円《えん》から1500円《えん》まで。
★着《き》せかえドレスは、125種類《しゅるい》もあります。お好《す》きなドレスを選《えら》んでください。
350円《えん》から800円《えん》まで。
日本アイデアル・トイ・コーポレーション
東京都台東区駒形０―０―０　TEL(000)0000～0
似ているお人形がたくさんあります。タミーちゃん、ペパーちゃんとはっきり言って買ってください。

ウエストがまわる… ヒザがまがる
ツイスト
バービー
Barbie®
ツイストバービーで楽しく遊んで下さい
ウエストが自由にまわり　ヒザがまがる　新しいタイプの
ファッション人形です　あなたと同じステキなポーズが楽しめます
値段　¥1,000より
新発売
●お買い上げの皆さん！
忘れずに箱の中のカードを送ってください　ツイストバービー用の可愛いイスを　もれなくプレゼントします
●ツイストバービーにはあなたの夢とセンスを生かす
美しい着せかえセット¥300より
イス　テーブルほか　いろいろな家具もそろっています
¥250より
MATTEL, INC. TOYMAKERS
KB 株式會社 國際貿易
提供テレビ番組 "ちびっこトリオクイズ" 毎週土曜・よる6:15～6:45 フジテレビ・関西テレビ
東海テレビ・テレビ西日本・仙台テレビ・西日本テレビ・広島テレビ（札幌テレビ 土曜・よる5:00～5:30）

リカちゃん・かわいい・リカちゃん ☆新発売☆ リカちゃん・かわいい・リカちゃん

《牧美也子先生監修》

かわいい リカちゃん
リカちゃん ふたり なかよく
おはなし しましょう ね
リカちゃん
オシャレ のこと
オヤツ の こと
それ は 女の子 の
秘密 なの
リカ ちゃん
リカちゃん
かわいい リカちゃん
リカ ちゃん

NO.1101
1,100円

NO.601・600円

NO.602・600円

NO.7503・750円

NO.7501・750円

NO.7502・750円

NO.7506・750円

牧美也子先生の監修・推薦

★すばらしいドリームハウス（夢のおへや）があります。

★髪がとっても長いので、いろいろなヘヤースタイルが楽しめます。

★頭や手足が自由にまがり、お好きなポーズがとれます。

★21cmの美しいスタイルのリカちゃんはハイセンスのドレスが、びっくりするほどよくにあいます。

★ごうかな家具セットもあり、着せかえのお洋服もたくさんそろっています。

リカちゃん ドリームハウス

イス・テーブル　3点セット、鏡・カーテン・洋服かけ・ハンガー・ドア・じゅうたんつき、 **定価—980円**（リカちゃん別）

おへやには3枚の絵があり、ひみつのしかけがあります。リカちゃんを入れて、スーツケースのようにもって、お友達のところへいきましょう。アッとおどろくにちがいありません。

リカちゃん懸賞は
114ページにでています

だっこちゃんマークの

株式会社 **タカラ**

東京都葛飾区青戸 0—00—00

★品切れのときは、現金書留で上記へおもうしこみください。

スカーレットちゃんの
妹誕生!!
カンナちゃん
今、お友達の間で すご〜い 人気!!
カンナちゃんは手や足が自由にまがり、ロングヘアーがよくにあうとってもチャーミングなお人形です。
かわいがってね!!
NO. 5005 500円
NO. 912 900円
実物大です
NO. 5014 500円
NO. 5006 500円
NO. 6003 600円
FASHION DOLL FASHION DOLL FASHION DOLL
夢みるファション人形
スカーレット
スカーレットの妹
カンナ
たくさんのご応募ありがとうございました
52,036通のご応募の中から“カンナちゃん”におよせ下さった253名様より、抽選で100名様にスカーレットちゃんと、カンナちゃんをお送り致しました。
株式会社 中嶋製作所《なかじませいさくしょ》 東京都江戸川区中央一丁目0−0
TEL 000−0000(代)
亀マーク

たのしさ3ばい
リカちゃんトリオ
びっくりしないでね！
リカちゃんに
あたらしいおともだちが
できたの
これからは
なかよしの
トリオよ
よろしく
ね！
No.8071・800円
No.7011・700円
No.7541・750円
かっこいい
わたるくん
かわいい
リカちゃん
やさしい
いづみちゃん
＊リカちゃんといづみちゃんは
おようふくをとりかえっこ
できるし　ながいヘアーは
いろいろにゆえるのよ
＊トリオはみんなゴーゴーが
とくい　いづみちゃんと
わたるくんは　腰《こし》もまわせ
るの　もちろん手《て》足《あし》はまげ
られるわよ
No.7573・750円
No.7546・750円
No.7019・700円
たのしくあそべる
リカちゃんハウス
（人形別 980円）
TAKARA
だっこちゃんマークの
タカラ
東京都葛飾区青戸0-00-00

グーンと大きくてデラックスなお人形の家……

スカーレットちゃんハウス

みんなで お人形パーティしましょうョ

ネッ お家《うち》ごと もって行けるのョ

たのしい夢がいっぱいのすてきなお人形の家ができました。

◆本物そっくりの応接3点セット（イス、テーブル、スポンジ入りクッション、カラーテレビ、じゅうたん付）

◆きせかえのドレスがかけられる洋服ダンス

◆ステキなお化粧ルーム

きれいなけしきがみえるお部屋も、魔法のようにワンタッチで、ごうかなロビーに早変り。スカーレットちゃんとカンナちゃんにぴったり。今までにないお人形遊びが楽しめます。お友達のお家へおでかけの時も、スマートでとっても便利なのョ＊　＊　＊　＊　＊　＊　＊

株式会社 中嶋製作所《なかじませいさくしょ》　東京都江戸川区中央一丁目０－０　TEL ０００－００００（代）

ミニー
みんなのお友だちミニーちゃんが誕生しました。
金色のロングヘアーがじまんなの。毎日セットしてね。
手足やウエストが自由に動きいろいろなポーズがとれます。
ステキなドレスがたくさんあってオシャレが楽しめます。

OIKE GANGU CO., LTD.

おへそをおすと
“いやいや”

せなかをおすと
“こっくり”
かわいいミニーちゃんはおくびをふります

¥480

新発売

ミニーちゃんのなかよしおともだちは30人《にん》　着《き》せかえのお洋服《ようふく》もいっぱいそろっています。

- ミニーちゃんはイタリア生《う》まれです。
- ミニーちゃんのヘアースタイルは美容師《びようし》のおねえさんがデザインしました。

ミニーちゃんの着《き》せかえお洋服・アクセサリーを集《あつ》めましょう…¥200～300

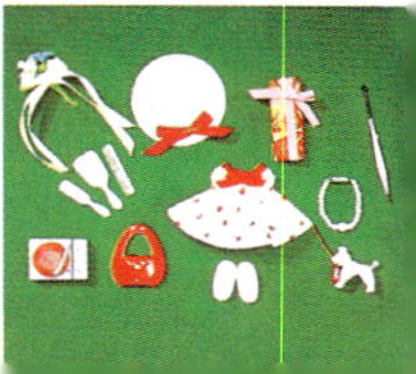

よい子を育てるよいおもちゃ

ツクダ

東京・台東区蔵前0－0
TEL (000) 0000～0

YES NO
イエス ノー ミニー
Minny

札幌―仙台―千葉―東京―横浜―名古屋―大阪―福岡

ハイファッション
リナ
あなたのリナは、
美しいドレスを着ること
だけを夢みています。
最新のモードで
ドレスアップさせて！
とても豪華なドレスアップがたのしめるデラックスな人形がデビューしました。〈ハイファッション・リナ〉はティーンのためにつくられた世界で初めての人形です。
★ほんもののファッションが、世界の流行が、そのまま人形のドレスになっています。
★シーズンやTPOに合せて、たくさんのドレスがそろっています。いろいろのヘアスタイルがたのしめる長い髪、美しいプロポーションが、いま話題になっています。背丈は35センチです。
★ドレスアップした〈リナ〉はすばらしいルームアクセサリーになります。ティーンのお部屋をパッとはなやかにします。
はじめてのデート・ワンピース・¥1800
新発売
サイケ調のすてきなパッケージ入り
紫のアルカンサス
イブニング
¥1.700
スイート・ポピー　ワンピース¥1500
からたちの花
コート
¥1,600
〈リナ〉をプレゼントしてもらいましょう！
はやく〈リナ〉がほしいんだけど、ちょっぴりおこづかいがたりないナ…って考えこんでるティーンはいませんか。お誕生日やクリスマスに〈リナ〉をプレゼントしてもらいましょう。あなたがオネダリするヒトはパパかしら、大好きなおばさまかしら………
だっこちゃんマークの
タカラ
ハガキを出すと〈ハイファッション・リナ〉が当るわよ！ 93 ページを見てね

ヴィレッジシンガーズ ルック

(わたるくん) No.8075・800円 ドレス No.4575・450円
(リカちゃん) No.7531・750円 ドレス No.4031・400円
(いづみちゃん) No.7557・750円 ドレス No.4057・400円

カーナビーツ ルック

(わたるくん) No.8079・800円 ドレス No.4579・450円
(いづみちゃん) No.7555・750円 ドレス No.4055・400円
(リカちゃん) No.7534・750円 ドレス No.4034・400円

ワァーすてきっ

スパイダースルック

(わたるくん) No.8080・800円 ドレス No.4580・450円
(いづみちゃん) No.7554・750円 ドレス No.4054・400円
(リカちゃん) No.7528・750円 ドレス No.4028・400円

テンプターズ ルック

(わたるくん) No.8081・800円 ドレス No.4581・450円
(いづみちゃん) No.7556・750円 ドレス No.4056・400円
(リカちゃん) No.7530・750円 ドレス No.4030・400円

リカちゃんトリオのグループサウンズ

＊トリオはみんなツイストがとくい
手足《てあし》がまがって　腰《こし》もまわるのよ

＊リカちゃんといづみちゃんのグループサウンズルックドレスはおなじものよ
わたるくんのドレスをふたりのドレスにあわせてえらびましょう
このほかにもハイセンスなドレスがたくさん　とてもよくにあうの

＊ママやパパにプレゼントしていただきましょうね

あたらしくてデラックス
リカちゃんトリオハウス

パッとひらけばおへやがふたつ
ソファのあるすてきなおうせつまとベッドつきのかわいいしんしつ
さいこうにデラックスなハウスなのよ
(1,800えん・にんぎょうべつ)

だっこちゃんマークの
タカラ
東京都葛飾区青戸 0―00―00
＊品切れのときは　現金書留で上記へおもうしこみください

さゆりちゃん
No. 714　700円
アキラくん
No. 721　700円
フラワー＊メイト
さゆりちゃん
アキラくん
の
歓《かん》迎《げい》パーティーを開《ひら》かない？
スカーレットちゃん・カンナちゃんに　すてきないとこができました！——さゆりちゃんとアキラくんです。
さゆりちゃんは　カンナちゃんやすみれちゃんにピッタリのお洋服《ようふく》を　いっぱいもっています。アキラくんは　さゆりちゃんのお兄さん。歩くことが得意《とくい》です。
スカーレットちゃん・カンナちゃん・すみれちゃん、それにさゆりちゃんにアキラくん。フラワーメイトがいっぱいそろいました。
さあ、みんなのパーティーを開きましょう！
とっても楽しく遊べます。
品切れの時は品名やNo.をかいて現金書留で下記へお申しこみ下さい
株式会社 中嶋製作所《なかじませいさくしょ》　郵便番号 132
Ⓡ 東京都江戸川区中央一丁目0－0　TEL. 000－0000（代）
スカーレットちゃん
No. 1073
1,000円
すみれちゃん
No. 737
700円
カンナちゃん
No. 5530
550円

おこづかいでかえるわよ
ニューファッションのすてきなリナ
ヤングレディ　一、一〇〇円
街角の瞳　一、〇〇〇円
そよ風　一、〇〇〇円
春のあたらしいファッション…すてきでしょ。スポーティなセーターからおしゃれなドレスまで…あなたもリナとあそんで、ファッションにつよいレディーになってね。
ピアノの上や机のそばにリナをおきましょう。リナは背の高さが35cmもあって、ドレスをきせかえたり、すきなポーズがつけられるの。ファッションをかえると、リナもあなたのお部屋もパッとかわるわよ。
*ドレス、ランジェリー、スカート、ブラウスなどのセットがあります。
フラミンゴ　一、一〇〇円
ハイファッション
リナ
だっこちゃんマークの
タカラ
東京都葛飾区青戸0 00 00

ラジオの入った……
……可愛いマスコット

バンダイ ワンワンラジオ

可愛いぬいぐるみのワンちゃん……その名は
“ワンワンラジオ” キュートなシール動物に、
高級トランジスターラジオを組み込みました。
もちろんそのまゝお部屋に飾っても、素敵な
アクセサリーになります。

バンダイワンワンラジオ

プードル　¥ 4,000　　クマ　¥ 4,300　　チャーリー　¥ 4,300
●万一デパート、オモチャ店で品切れの時は、直接バンダイまで書留でお申込み下さい。

バンダイ

バンダイ 東京都台東区駒形０－０－０

ぜんぶ"それいゆ"でそろえたの。あなたもおへやのおしゃれやマスコットを"それいゆ"であつめてみない？まだまだ、かわいくってたのしいものが、いっぱいあるの。プレゼントにも、とってもすてきよ。

東京 それいゆ手工芸株式会社

ショールーム　東京都中央区日本橋馬喰町0—0　TEL (000) 0000・0000
営業所　東京都中央区日本橋矢ノ倉00　TEL (000) 0000 (000) 0000・0000

それいゆ手工芸品

全国有名デパート・小物雑貨店で発売しています

もし近くのお店に"それいゆ"の品物がなかったら、アクセサリーや小物を売っているお店へ、この広告を見せて、とりよせてもらってください。

良い品が安く!! 郵便切手でも手軽に買えます!!
茶犬サイフ¥300 高さ160
ダックス¥450 長さ360
クマさんサイフ¥300
三ツ子ベビーセット¥390
ネコとベビー¥320
白犬サイフ¥300 高さ160
ネコサイフ¥300 高さ160
メガネ小物入1コ¥490 高さ100
ヘソダシミニドール1コ¥300 高さ185
カッパ付ミニドール¥300
ブラウントリオ1コ¥150 高さ120
ベケちゃん1コ¥190 高さ120
スズグマ¥200 高さ160
Minny
ポケットドール1コ¥300 高さ130
サイフ人形1コ¥280 高さ80
ジョックおじさん¥450 高さ355
イエスノーミニー¥550 高さ140
ミニーちゃん¥850 長さ275
カンナちゃん1コ¥650 高さ230
ユメの小鳥¥3,500 高さ250
マミーちゃん1コ¥380 高さ240
インディアン男の子・女の子1コ¥450 高さ200
ファニーちゃんNo1 ¥250 高さ110
ファニーちゃんNo2 ¥250 高さ120
ファニーちゃんNo3 ¥250 高さ110
クビフリ犬¥380 高さ150
クロちゃん¥380 高さ140
ボール1コ¥380 高さ210
トッポジージョ温度計¥200 高さ100
首フリサル1コ¥270 高さ110
首振ベレー犬¥370
メキシコハット1コ¥300 高さ90
トラノ子サイフ¥300 高さ180
ドールスタンド1コ¥600 高さ210
マーボーちゃん¥750 高さ320
カシマシ3人娘¥550 高さ180
ミルクノミ人形1コ¥320 高さ285
ペパーちゃん1コ¥480 高さ240
ラッキースタンド¥550 高さ160
マイベビー1コ¥450 高さ250
ウサギサイフ¥300 高さ160
親子グマ¥350 高さ120
No.305人形¥260 高さ170
ミミーセット¥320 高さ80
クビフリチャーリー¥280 高さ150
メガネさん1コ¥350 高さ140
ファッションドールスワリ人形1コ¥650 高さ200
ピーグマ¥580 高さ310
マコちゃん1コ¥650 高さ270
センタクグマ¥550
ヨコムキ犬¥250 高さ100
マー坊¥450 高さ200
レインボーガール1コ¥330 高さ150
首振プードル¥300 高さ100
ジュディちゃん1コ¥300 高さ120
ボーシ犬¥380 高さ150
首振トラ¥250 高さ125
バビーちゃん1コ¥600 高さ235
あなたのほしい品物をカミにかいて、品物のだいきんぶんだけのキッテまたは、コガワセをフートーにいれておくってください。バラ銭はいけません。琉球の方は特別返信切手券をだいきんぶんだけおくってください。つきしだい品物が早くとどきます。 しめきりはありませんいつでもかえます
おくりさき
東京都新宿郵便局私書箱第108号
マノック産業 株式会社 F-4係
此の品は全部有名会社で製作された高級品です全部送料共の価格ですから此の商品金額分だけを御送り下さい

オバQ《キュー》の妹《いもうと》
オバケのP子
新発売
お部屋《へや》の飾《かざ》りに！
散歩《さんぽ》のおともに！
かわいい、楽しい
マスコットです。
デパートおもちゃ店
でお求め下さい。
オバケのQ太郎
Ⓒ小学館
亀マーク
株式会社 中嶋《なかじま》製作所
東京都江戸川区中央一丁目0−0
電話（000）0000（代表）

ウチのおばあちゃん
にもかしてあげよー
新発売《しんはつばい》
ハクリョク
スゴーイ
ウルトラレンズ®
PAT NO.312644
なんでも
デッカク
みえるョ！
おねだん 280円
ウルトラレンズ
デッカイコトの
好きなキミにピッタリ！
おりた・めるフシギなレンズ
自然観察《しぜんかんさつ》、読書《どくしょ》など、たくさんの
利用法《りようほう》がありますョ！
＊デパート、おもちゃ店にあります品切れ
のときは切手 325 円分（送料共）同封の上
お申し込み下さい
株式会社 中嶋製作所
東京都江戸川区中央0-0-0・〒132

●大きさは直径8㎝
●おねだんは280円

ひみつのかがみ
テクマクマヤコン

バツグンの人気もの、ひみつのアッコちゃんが使っているまほうのかがみ。テクマクマヤコンが出来たのョ。パッとあけるとアラふしぎ、アッコちゃんがお姫さまになったりする。本当にふしぎな「かがみ」ョ。さあ、あなたも急いであけてみてステキなアクセサリーや大切な宝石も入る　カッコイイ、ペンダントです――

株式会社 中《なか》嶋《じま》製《せい》作《さく》所《しょ》 132 東京都江戸川区中央一丁目0−0
TEL．000−0000（代）

＊KAWADA＊

ニューモデル・コンテスト募集!!

ダイヤブロックをつかって、お好《す》きなものをつくってください。それを写真《しゃしん》にとって、下記《かき》へお送《おく》りください。
優秀《ゆうしゅう》なモデルをつくった方《かた》20名《めい》さまにロッジとレストハウスのセットを差《さ》し上《あげ》げます。

＊応募規定《おうぼきてい》＊

- 写真《しゃしん》は手札《てふだ》以上《いじょう》(たて8cm×よこ12cm位《ぐらい》)
- 写真《しゃしん》の裏《うら》には、氏名《しめい》、年齢《ねんれい》、住所《じゅうしょ》、学校名《がっこうめい》、学年《がくねん》をはっきりと書《か》いてください。(但《ただ》し、写真《しゃしん》はお返《かえ》しいたしません)。
- 〆切日《しめきりび》／昭和《しょうわ》41年《ねん》8月《がつ》31日《にち》(消印有効《けしいんゆうこう》)
- 発《はっ》　表《ぴょう》／本人《ほんにん》に直接《ちょくせつ》ご通知《つうち》いたします。
- 送《おく》り先《さき》／株式会社・河田《かわだ》
  "ニューモデルコンテスト"係《がかり》

ダイヤブロックのモデルハウスセットを新発売《しんはつばい》!!

レストハウスセット――――1,000円《えん》
ロッジセット――――1,800円《えん》

- 部品《ぶひん》セットが8種類《しゅるい》になりました。
- デパート・玩具店《がんぐてん》・文具店《ぶんぐてん》でお求《もと》めください。

KAWADA
株式会社 河田
東京都新宿区西大久保0—00
☎ (000) 0000(代表)

ラジコン®であそぼう！
ウワーすごい！
みんな無線操縦の
ラジコンだ！
（ラジコンはマスダヤの登録商標）
①
②
③
④
⑤
RADICON PATROL

①ラジコンタンク　③ラジコンベンツ210ＳＬ（スポーツ）
②ラジコンひかり号　④ラジコンニューパトカー
⑤ラジコンバス

TRADE MARK MODERN TOYS
マスダヤ

- ラジコンは11年《ねん》前《まえ》（昭和30年）ＭＴ印《じるし》のマスダヤが、世界《せかい》で初《はじ》めてつくった電波《でんぱ》で動《うご》かす無線操縦《むせんそうじゅう》のオモチャです！
- ラジコンの動《うご》かしかたはカンタン！（送信機《そうしんき》のボタンをおすだけ）
- 10年以上《ねんいじょう》も前《まえ》からつくっているラジコン、なんといってもピカ一《いち》！
- 全国《ぜんこく》のゆうめいなオモチャやさん、またはデパートで売《う》っています

わあ！とっても良《よ》く聞《きこ》えるよ！

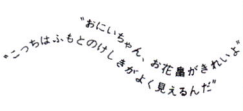

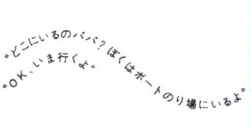

"おにいちゃん、お花畠がきれいよ"
"こっちはふもとのけしきがよく見えるんだ"

"ママ、しきゅうれんらく。お客さまが見えました"
"ありがとう。すぐかえるわ"

"どこにいるのパパ？ぼくはボートのり場にいるよ"
"OK、いま行くよ"

海水浴や、ゆうえん地など、人のたくさんいるところでも、トランシーバーがあれば、迷子になっても、すぐにれんらくが取れるから安心。おるすばんもこわくないよ。となりどうしで、しゅくだいのおしえ合いだってできるよ。ハイキングも、きれいなけしきをすぐに見つけられる。トランシーバーって、ほんとうにべんりなんだなあ……。

お父さま、お母さまに

■アサヒ・トランシーバーは、水晶体にて全部品ともＪＩＳ規格品を使用していますから、高性能・高感度。品質にムラがありません。
■市街地で８０〜１００ｍ郊外なら２００ｍまで交信できます。
■お子様の科学教育にご利用ください。
★全国デパート、玩具店にうっています

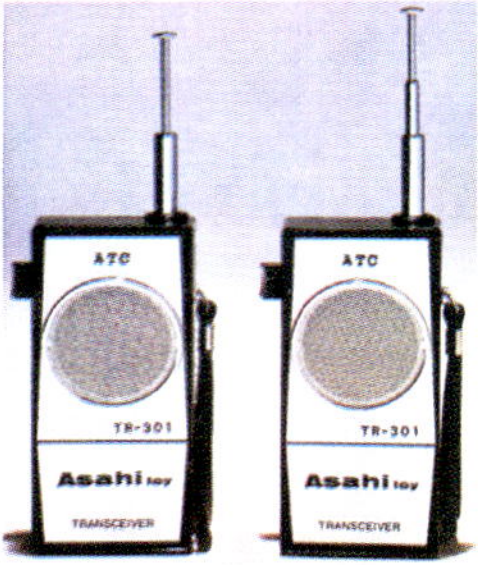

1セット 4,800えん

アサヒのトランシーバー TR-301

株式会社 アサヒ玩具
東京都台東区蔵前０丁目０番０号

CORGI TOYS
英国コーギーのマーク
世界の自動車コレクション
ミニカーならだんぜん英国製のコーギーだ！
世界一精密なコーギーマークのミニカーを集めよう！
全国デパート・おもちゃ屋さんに売っています
C－ 230 メルセデスベンツ ¥500.
C－ 309 アストンマーチン ¥500.
C－ 307 E型ジャガー ¥450.
C－ 222 ルノーフロリード ¥350.
C－ 232 ファイアット2100 ¥400.
C－ 234 フォードクラシック ¥400
C－ 228 ボルボP1800 ¥400.
C－ 210S シトロエン ¥400.
C－ 229 シボレーコルベアー ¥400.
C－ 223 シボレーパトロール ¥400.
C－ 211S スチュードベーカー ¥400.
C－ 237 オールズモビルシェリフカー ¥450.
C－ 235 オールズモービル ¥400.
C－ 310 シボレーコルベット ¥500.
C－ 239 カルマンギア ¥500.
C－ 231 トライアンフクーペ ¥450.
C－ 224 ベントレー ¥600.
C－ 214S フォードサンダーバード ¥380.
C－ 215S サンダーバードオープン ¥400
C－ 238 ジャガーマークX ¥600.
ATC
株式会社アサヒ玩具
旧社名〈旭玩具製作所〉
東京都台東区蔵前0丁目0番

T－2
テーブル(大)食堂用
茶・クリーム〈2色〉
各全国売価 160円
C－5
食堂いす
茶・クリーム〈2色〉
各全国売価 70円
T－4
勉強机
全国売価 270円
C－5
いす
全国売価 70円
S－7
(セット外部品)仕切戸だな
全国売価 550円
あなたのステキなお部屋をつくりましょう!
B－2 2段ベット
茶・クリーム〈2色〉
各全国売価 660円
F－5植木鉢〈2個〉10円 F－4書 籍〈1個〉20円
F－2柱時計〈1個〉50円 F－3電 話〈1個〉20円
F－1置時計〈1個〉50円
E－1
ステレオ
茶・クリーム〈2色〉
各全国売価 270円
ヨネザワの
おすきな家具を一つずつおもとめください
マーガレット ホミィー
このほかにもたくさんの部品があります
小さなとびらやひきだしもぜんぶ開きます
あなたのたいせつな宝物をしまいましょう
戸だな(小)
S－34 140円
戸だな(小)
S－35 140円
タンス
S－41 220円
T－3 100円
コーナーテーブル
戸だな(大)S－15 190円
S－23 180円
ガラス戸だな
イス
C－4 80円
テーブル
T－1 90円
片ヒジ掛C－21(右) 22(左) 各180円
イス
イス
C－3 160円
ぜんぶホンモノそっくり、10分の1につくられた《ヨネザワのマーガレットホミィー》こんなステキなホーム・ミニチュアが、おこずかいで買えるかしら……だいじょうぶです。木目を生かしたテーブルでも、タンスでも、ステレオでも、お好みのものを一つずつ、バラでおもとめになれます。そのうえ、植木鉢や柱時計、電話など、かわいいルーム・アクセサリーも、いろいろそろっています。
お部屋ごとのセット売りもあります
No.10リビング・ルームセット 1,980円
No.20ベッド・ルームセット 1,980円
No.30ダイニング・ルームセット 1,760円
No.60子供部屋セット 2,640円
No.50ダイニング・キッチンセット 2,860円
●それぞれ全国売価
TV－1
テレビ
全国売価 270円
P－1(セット外部品)
グランドピアノ
全国売価 770円
H－1
電気冷蔵庫
全国売価 330円
K－3
コーナー調理台
全国売価 270円
K－2
ガスレンジ
全国売価 330円
K－4
調理台
全国売価 270円
K－1
流し台
全国売価 490円
おもちゃの総合商社
米澤玩具株式會社
東京都台東区浅草橋0丁目00番0号 TEL (000)0000(代)

メリーＸマス!!　楽しいお正月!!
はなやまのゲームで遊ぼう!!

新発売

ダイヤモンド
２人でも３人でも遊べる、王様を先頭に15コの駒を向うの陣地にピョンピョン進め、カンガルーのようにとびこしたりとびこされたりする軽快でやさしいゲームです。　¥200
送料　近距離90円・中距離120円・遠距離170円

コピット
２人から４人まで遊べる、小人の童話に出てくるかわいいぼうし取りゲーム、互いにぼうしをとったりとられたり、みんなで遊べるたのしいゲームです。　¥200
送料　近距離90円・中距離120円・遠距離170円

ルード
４人まで遊べる、自分の駒をサイの目によってできるだけ早く決勝点に進め、飛行機で飛んだり・ハイスピードで進んだりゆかいに遊べるゲームです。　¥200
送料　近距離90円・中距離120円・遠距離170円

モノポリー
大勢で遊べます、ダイスの目と頭を使って駒を進めながら財産をふやしてゆく、いまアメリカ・ヨーロッパをはじめ世界中の国々で人気をあつめているおもしろいゲームです
¥ 1,000
送料　近距離90円・中距離120円・遠距離170円

★はなやまのゲームといって、全国の有名デパート、文具店、書店、おもちゃ屋さんで、お求め下さい。
★たのしいゲームブックを差上げます。ゆかいなゲームを集めた豆カタログができました遊び方も写真入りでやさしく説明してあります。ご住所とお名前、学年を正しく書いて10円切手２枚同封してお申込み下さい。

株式会社　**はなやま**
東京都港区麻布十番０の０

楽しいトランプゲームと
マンガで2倍の楽しさ!!

＊とってもすてきなテレビ型ケース入

絵本トランプ

¥400

絵本トランプには、ウルトラマン・ディズニー・
宇宙小年ソランなど、全部で12種類があります。

任天堂株式会社

本社工場　京都市東山区福稲上高松町00　電話(00)0000～0　東京・名古屋・大阪・札幌・岡山・九州

アメリカから
やってきた
かっこいいゲーム！
新発売
エポック社の EPOCH
クレイジーロープ
¥800
ルーレットが決めたところ、腕でも足でも胴でもグルグル巻いちゃう！巻かれちゃう！グループでやるとちょっとイカス楽しいゲーム。
パーティでも人気もの。みんなあつまれクレイジーロープがあるよ〜〜〜〜〜〜
●ルーレットが足か、うでかウエストかをきめます
●きめられたところをロープでひとまき
そんなにまかれちゃうごけないわぁ！
だんだんからだの自由がきかなくなってくる
ついにはみんながんじがらめになっちゃった
Crazy Rope
発売元
㈱エポック社
東京都台東区駒形0丁目00番0号
TEL(000)0000(代表)

エポック社のアクションゲームシリーズ
本格的な選手の動き。ルールどおりにプレーがたのしめるサッカーゲームの決定版！
ゴールキーパーが左右にたおれてかんたんに得点できない
レバー操作で選手の動きも自由自在！
エポック社の
サッカーゲーム
(大)¥2.300 (小)¥1.350
SOCKER GAME
ドーム型、タイプライターシステムの新ゲーム
ニュー バスケットゲーム
¥1.350
水面下を走る魚雷がまったく実戦さながらの迫力です！
魚雷戦ゲーム
¥1,000
選手たちが目まぐるしく動くレバー式ホッケー！
ホッケーゲーム
¥2.300
HOCKEY GAME
ゲームの王様
だれでも知ってる代表的なゲーム 野球の魅力！
野球盤
B型¥1.350
新発売！
デラックス型
¥2.350
アダルトゲームシリーズ
新発売
ゲームセンターの花形。ライトがついてベルが鳴る本格派
ピンボールマシン
¥3.850
ワールドゲームシリーズ
かずかずの難関をくぐりぬけて無事にかえれるか?
スパイ
レイガン作戦
¥1.350
ミサイル艦隊
¥1,000
ロケットを切りはなして月旅行！
アポロ作戦
¥1,000
全国一周早く安く回れば勝ち！
トラベルゲーム
日本旅行
¥1,000
西部の荒野を舞台に雄大な作戦
騎兵隊ゲーム
¥1.200
3レーンの本格マシン。お父さんまで夢中になっちゃう！
スロットマシン
¥1.800
この他のデラックスゲーム
★11ダービー¥1.200★チェス(カスタム)¥3.200(小)¥1.500★ルーレット(大)¥3.000(小)¥1.650
★ビリヤードセット¥5.800 ★ダイス¥1.500
EPOCH (株)エポック社 東京都台東区駒形0-00-0 TEL(000)0000(代)

新発売！
ワタシは魔術師！アッと
おどろく手品もかんたん！
エポック社の
マジック
シリーズ
オヤッ！オヤオヤッ！
スティックがつながっちゃった！
企画・監修
アダチ龍光先生
●スタンダードセットNO.1 ¥350
●スタンダードセットNO.2 ¥350
●テクニカルセットNO.1 ¥300
●テクニカルセットNO.2 ¥250
●ふしぎな花びん ¥300
●水の落ちないコップ ¥300
●ハンカチトリオ ¥300
●カラーペイント ¥350
●ワンダーマット ¥350
●ウルトラスティック ¥400
●ミラクルエッグ ¥500
●マジックボックス ¥550
ギョッ！ これはショック
メタルがマットをつきぬけた！
ヒャー!! ビックリ!!
ペイントが消えちゃった
MAGIC SERIES
ウワーッ！ これはおどろいた
お金がトランプに変っちゃった！
アレ！ アレアレッ!!
ハンカチがボールに変るわよ！
●エポック社のマジックシリーズは誰でもかんたんに遊べるゆかいなものばかりです
新発売！
引金をひいて相手を押えこみ！タイミングで勝負が決まる
¥300
エポック社の
ハンドレスリング
カーブ・シュートの変化球がレバー1で自由自在！
エポック社の
野球盤
B型¥1,200 C型¥880
ゲームセンターでおなじみのドーム型！
エポック社の
ニューバスケットゲーム
¥1,350
EPOCH (株)エポック社 東京都台東区駒形0－00－0 でんわ(000)0000(代)

ボクが育った天洋の手品で
キミもカッコいい
手品師になろう!!
いつでも どこでも
あなたは手品師
引田天功（当社出身）
いつでもどこでも
あなたは手品師
¥1000
◎全国有名デパート、おもちゃ屋さんで買って下さい。
◎このマークと15円切手を送れば手品「ものしり帖No.1」をあげるヨ。
◎必ず住所氏名と年令も書いてネ。
手品
株式会社 天洋
サービスセンター 東京都中央区新富町0－0

よろこぶ顔が
早くみたいの
夢がふくらむ
オルゴール
今日のパーティ
最高のプレゼント
●オルゴールのメロディーは、古い曲から新しい曲まで数百曲もあります、そして型もあなたがビックリする程いろいろなものに入っています。有名楽器店・趣味の店等で選んで下さい。
●優秀なオルゴールには、協会の推奨ラベルがついております。
日本オルゴール協会
東京都千代田区神田多町0—0

三八式歩兵銃　九九式短小銃

当店は、第二次大戦を次の世代の若い人達に知って載きたいために、第二次大戦時に使用されたものなら、なんでも売りたい、そしてどんなものでも集めて展示したいと考えております。
この三八式歩兵銃のほか、今後世界各国で使用した拳銃、小銃などの販売を企画中です。原寸大ですが全く危険のないものを製作します。

三八式歩兵銃

口径6.5ミリ5連発、ボルトアクション、銃身長79センチ、全長1.28メートル、重量4.1キロ、明治三十八年制式第一次、二次大戦を通じて、日本軍の主力小銃として使用された。

九九式短小銃

口径7.7ミリ、ボルトアクション5連発、銃身長65.5センチ、全長1.14メートル、重量3.9キロ、昭和十四年制式三八式と共に第二次大戦に使用されたが、戦争未期に造られた粗悪な銃で評判を落した。

（日本軍は昭和19年頃より物資が不足し、このような混毛の軍服・ゴム製の水筒・ツギハギの軍靴などを使用しました）

米軍鉄カブト外帽（中古品）	￥800〒150	米海軍戦闘帽	￥ 150〒30
米軍背のうサスペンダー付	￥600〒150	カービン銃弾倉入	￥ 100〒30
米軍水筒	￥700〒150	米軍拳銃ベルト	￥ 250〒50
米軍シヤベル（カバーなし）	￥400〒150	S．W	￥ 450〒50
米軍十字鍬	￥700〒150	ベレッタ	￥ 350〒50
米軍ヘルメット内帽	￥1000〒150	コルト45オートマ	￥ 350〒50
米軍略帽、夏・冬	各￥100〒 20	ワルサーP38	￥ 350〒50

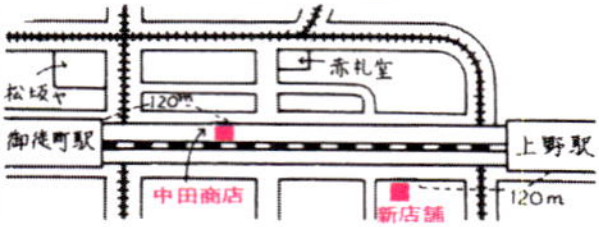

中　田　商　店　M係

第二次大戦資料研究部	東京都台東区上野0丁目00番0号	(000) 0 0 0 0
スキー・登山用品・革コート	東京都台東区上野0丁目0番00号	(000) 0000・0000
模擬銃製作工場	東京都江戸川区西小松川0丁目000	(000) 0 0 0 0

★★★★★★★★★★★★★★★★★★★★★★★★★★★★

●MGC秘密兵器●

新発売

ワルサー ラジオ ピストル

カッコいいラジオで007と電波を聞こう!!

007ジェームス・ボンド愛用のピストル・☆ワルサーPPKに高級トランジスターラジオを組込んだラジオピストルです　ボンドファンならもちろん誰れでもモデルガンを楽しみながら手もとにおいていつでもニュースや音楽が聞けます　引金を引くだけでOK!!　イヤホーンと携帯用ホルスター付きですから使い良さも最高です

WALTHER PPK RADIO PISTOL——————6 TRANSISTERISED

MGC　P−38軍用・ルガァー08　新発売!!

ブローバック・システムの量産に成功

MGCは創立7周年を期してブローバック・システムの第1号　ベレッタ軍用モデルの生産に入りました。

●MGC機関誌「ビジュエール」スパイ特集3月に発行　ご期待ください！
●カタログをご希望の方は　〒150円同封の上　下記までご請求ください
●東京都台東区上野0−0MGCボンドショップS係

MODEL·GUNS & ACCESSORIES MGC BONDSHOP

優秀な性能!! ★許可のいらない新型BS銃★
カタログ
ほしい方は15円切手1枚をフートーに入ておくって下さいすぐ大型カタログをおくります
でた
!! 新製品BS-25型 BS-21型銃!!
この銃で勉強づかれをぶっとばそー
世界でこの銃だけ!!
弾丸100発入る弾倉
BS-25型8連発高級銃　だけ　送料共　¥5,200
BS-25型スコープ付8連発高級銃　送料共　¥7,200
全長880㎜重量1.4kg口径7㎜全属製品マノック産業のオリジナルです特長は回転弾倉式8連発の目盛で何発射ったかすぐわかる世界でもめずらしい銃です強力特殊弾丸直線に飛び百発百中〃弾丸100発付別に1発3円で売ります
弾倉は目盛付の回転式8連発で何発射ったか一目ですぐわかる世界で最高の新型銃です
ここから入れる
7㎜高級つづみ弾使用
ここがちがう!!
BS-21型8連発高級銃　だけ　送料共　¥4,700
BS-21型スコープ付8連発高級銃　送料共　¥6,700
全長880㎜重量1.3kg口径7㎜つづみ弾丸使用この銃の特長は回転弾倉式8連発の目盛付で弾を何発うったかすぐわかる世界でもめずらしい銃でマノック産業のオリジナル製品です下の弾倉パイプに100発の弾丸が入る型も性能も最高の銃で特に強力特殊弾丸で直線に飛ぶので百発百中〃お父さんも兄さんもみんな楽しく射てます全属製でとても丈夫弾丸100発付別に1発3円で売ります
U-S-R2.5×16スコープ
送料共　¥2,500
全属製品でとても見やすく物が大きく見えるネジで照準の調節が自由にでき高級レンズ使用性能百発百中〃との高級銃にも取付られる
◉この銃は許可証はいりませんどこへでも持ち歩けるすばらしい高級銃でどなたでも射てます。
タマ入れケース付ベルト
送料共　¥400
弾丸100発入ケースが4コ付ナイフや手袋等も楽に入れられとても便利
ラバーガン　送料共　¥3,000　(高級銃)
全長810㎜重量1.1kg単発式12㎜コルク弾丸とラバー弾丸の両方使用できる強力でカーブしないまっすぐに飛び安全特殊弾なので人に当っても全く安全です作りも高雅で最高全属製弾丸100発付ヨビ弾丸1発2円・100発入200円で売ります
銃入れケース
送料共　¥700
高級チャック式でつり皮付とてももちやすい
タマ入れケース
送料共　¥120
弾丸100発入りベルトに付く
BS-31型高級銃　送料共　¥4,850
全長880㎜重量1.4kg12㎜コルク弾丸使用強力でカーブしないまっすぐに飛び安全特殊弾で人に当っても全く安全ズッシリ重く性能優秀で作りも高雅で最高全属製弾丸100発付ヨビ弾丸1発2円・100発入200円で売ります
BS-81型高級銃　送料共　¥5,800
全長900㎜重量1.5kg単発式7㎜つづみ弾丸使用弾倉右開閉弾込式強力でカーブしないで直線に飛び特に射的競技には十分性能を発揮するズッシリと重く作りも高雅で最高全属製弾丸100発付ヨビ弾丸1発3円・100発入300円で売ります
7㎜弾丸
弾倉右にまげ弾つめる
註文法
ほしい品物の名を紙に書いてその代金分だけ切手又は小為替現金書留等で送って下さい速達の方は特別送信切手券を送って下さい着次第品物送
BS-45型　高級銃　だけ　送料共　¥2,800
BS-45型スコープ付高級銃　送料共　¥4,800
全長800㎜重量1.1kg単発式9㎜コルク弾丸使用作りも高雅で最高カーブしない直線に飛ぶ安全特殊弾なので人に当っても安全ズッシリ重く本物を射っている感じがする全属製弾丸100発付ヨビ弾丸1発2円・100発入200円　スコープも取付簡単で照準調節も出来る
(15円キッテハル)
オモテ
(郵便封筒)
東京都新宿郵便局私書箱第一〇八号
(住所・渋谷区代々木0-0中島第一ビル内)
マノック産業株式会社
M11号係
この封筒の裏にあなたの所番地氏名をはっきり書き中に代金を入れて御送り下さい
電話 東京(000)0000〜0
BS-52型　高級銃　だけ　送料共　¥3,900
BS-52型スコープ付高級銃　送料共　¥5,900
全長900㎜重量1kg単発式7㎜つづみ弾丸使用もった感じも最高直線に飛びとてもよく当る安全特殊弾で人に害はないズッシリと重く作りも最高性能も優秀全属製弾丸100発付ヨビ弾丸1発3円で売る
7㎜弾丸
弾倉右にまげ弾つめる
コーカン引く
ヨビ弾丸1発3円
弾丸100発付
BS-65型　高級銃　だけ　送料共　¥4,900
BS-65型スコープ付高級銃　送料共　¥6,900
全長900㎜重量1kg5連発弾倉差込式7㎜つづみ弾丸使用弾れは全属製で弾丸5発入る強力でカーブしない直線に飛びとても良く当る安全特殊弾で人に当っても害はないズッシリ重く高性能全属製弾丸100発付ヨビ弾丸1発3円・100発入300円スコープも取付簡単

第４章
食品・衣料・医薬・出版

テレビで雑誌ぼくらで大活躍!
冒険まんが
J《ジェー》Q《キュー》
雪印乳業提供
6
チャンネル
雪印
アイスクリーム
雪印アイスクリーム
●金曜日夜
七・三〇―八・〇〇
東京放送
中部日本放送
朝日放送
山陽放送
山陰放送
RKB毎日
大分放送
宮崎放送
北海道放送
岩手放送
●火曜日夜
七・三〇―八・〇〇
ラジオ中国
東北放送
北陸放送
長崎放送
南日本放送
琉球放送
●金曜日夜
八・〇〇―八・三〇
新潟放送
●土曜日夜
六・〇〇―六・三〇
静岡放送

Merry X'mas
雪印デコレーションアイスクリーム
楽しい〈クリスマス〉に……
雪印デコレーション
アイスクリーム
●デパートか、お近くの販売店へ、お早めにご予約ください
450円・650円・1000円
(各種ともドライアイスつきです)

明治スティックアイスで

マジック・スティック《魔法の棒》を当てよう!!

あーら不思議?!
こりゃオモシロイ!!

アメリカ生まれの《魔法の棒》

曲げたり　ねじったり　くっつけたり
思う通りの物がつくれます!!

しかもお湯に入れると　魔法に
でもかかったように　もとの
形にもどります

その場で当るスピードくじ

明治スティックアイスの棒をご覧ください

1等　明治マジック・スティック

2等　明治10円アイス

★ 1等の当りくじは　お店に貼ってあるポスターに　明記されてある送り先にお送りください

★ 2等の当りくじは　お店で明治アイス（10円分）と引きかえます

● サービス期限 昭和43年5月31日

おいしさと健康をおとどけする　明治乳業

濃《こ》い乳酸菌《にゆうさんきん》を飲《の》もう!!
バード・コレクション
明治
パイゲンC バード・コレクション
南米産 生きたオームが
300羽当る!!
わたしの名まえは パイゲンちゃん おしゃべりもうまいよ!!
当る!!アタル!!
スピードサービス
アタリ
小鳥のマーク
パイゲンCのキャップのうらに 小鳥のマークがでたら 鳥のプラモデルが一つもらえます(明治牛乳店で引換えます) きれいな鳥は15種類 世界の鳥をあつめましょう!!
クイズで当てよう
すてきなオーム!!
全国の明治牛乳販売店にある クイズつき応募ハガキでご応募ください 抽せんでクイズの正解者300名さまに 生きたオームをさしあげます
サービス期限 42年12月31日まで
当せん発表 43年1月20日
(主要新聞紙上)
ご注文はお近くの明治牛乳店へ
Meiji
活性
パイゲンC
生菌乳酸飲料
厚生省許可特殊栄養食品
日本の健康を育てて50年
明治乳業

森永乳業

ご家庭に健康をおくって50年!

マミーボートか
森永マミーが
当る!
森永マミーボート
●バンダイ製
森永
マミー
マミーボートは下図のようにいろいろな遊び方があります
＊ごちゅうい…あぶない海や川で遊ぶのはやめましょう

創業50周年記念

森永マミー

ポンポン大けんしょう!

マ・ミ・ーの3字で マミーボートをプレゼント

森永マミーや各種森永牛乳製品のキャップのうらに、
マ・ミ・ーのどれか1字がついていたら当り! この3字をそろえて、台紙にはって森永牛乳販売店へおもちください。
その場で、マミーボートを1コ プレゼント!

(注)台紙は森永牛乳販売店にあります。

●90cc入り

森永
マミー

この大びんで
だんぜん
やすい!
乳さん菌飲料の
エース!
あたまも
からだも健康に!

●お申し込みは
お近くの森永牛乳販売店へ

マ・ミ・ーのどれか1字で もう1本森永マミーをプレゼント

マミーボートと引きかえない人は、マ・ミ・ーのどれか1字で、森永マミーをもう1本、その場でプレゼント

● ただいま実《じっ》施《し》中《ちゅう》

●当りキャップは森永マミー90cc、森永ホモ牛乳、森永フルーツ牛乳
森永A牛乳、その他森永牛乳製品についています。

●広島・九州の森永マミーA発売地区も
同じポンポン大けんしょうをしています

●くわしくはお近くの森永牛乳販売店へ………

森永コーラス
キャプテンスカーレットプレゼント
3月1日—8月31日
ブワーッとうき出てみえる大《だい》迫力《はくりょく》!
キャプテンスカーレット ステレオカップ
どこにも売っていない
お母さんに
買ってもらうのは
コーラスだ!
森永
コーラス
Chorus
森永コーラス
純乳酸飲料
森永コーラス
これが
フラワー・カード
森永乳業
総当《そうあた》り!
200,000コ
早《はや》いもの
勝《が》ち
当て方
森永コーラスについているフラワー・カードを送ろう。
先着《せんちゃく》200,000名さまにステレオカップ、さらに抽《ちゅう》せんで毎月1000台、パトロール車をプレゼント。
※もし、フラワー・カードからかえせんをはがして当りのマークが出たら、もれなくパトロール車が当ります。
※古いかえせん台紙《だいし》でも応募《おうぼ》できます。
●フラワー・カードの送り先
東京中央郵便局気付
森永コーラス係
《ダブルプレゼント》
キミもキャプテンスカーレットの気分《きぶん》になれるぞ!
キャプテンスカーレット パトロール車
(バンダイのハンドルリモコン)
抽《ちゅう》せんで
毎月1000台

オレンジのかおりが あまさが
ピチピチ！
しぼりたてのオレンジのかおりとあまさが
すっきりしたソーダといっしょになってピチピチはずむおいしさ！
ゴクンと飲めば元気いっぱい！
ファンタ・オレンジは、コカ・コーラの工場でつくられるご家庭の飲みもの
オレンジとともにファンタ・グレープもどうぞ！
もぎたてのグレープそのままのおいしさです
Drink
Fanta
ファンタは The Coca-Cola Company の登録商標です

ファンタは The Coca-Cola Company の登録商標です
ピチピチはずむ 太陽の味 ファンタ
Fanta
登録商標
ファンタ
登録商標
200 ML入
ファンタ オレンジ…太陽を浴びてそだったオレンジ！　その香りとあまさを
そっくり。もちろん、スッキリしたソーダもいっしょになってピチピチはねてます。
ファンタは一年をとおして家中の人気者。いつも冷蔵庫に冷やしておいてください。
ファンタは、コカ・コーラと同じ工場でつくられるご家庭のたのしい飲みものです

★サッポロビール株式会社
アポロ-N
アポロ-N
アポロ-N
ポロをとばそう！
なくプレゼント
してあります。
こんで送って
目9—20
サイダー係
くお待ちください。
純糖
リボン
サイダー
中味40円

アポロ-N
アポロ-N
アポロ-N
アポロ
《新発売》純糖リボンサイダーをのんでア
いま、ものすごい人気。広場でビューン！ビューン！とんでいる。長さ1.4m　ジャンボータイプの空気ロケット。ヤツ！と飛ばせば50mはかるい――君もおもいきりとばしてみないか？
先着100,000名―王冠10コで
近くの酒屋さんに、応募台紙を
純糖リボンサイダーの王冠10コを
下さい。すぐおとどけします。
送り先　〒104 東京都中央区銀座七
サッポロビール(株) リボン
●北海道・東北・四国地方は未発売です。

三ッ矢 ドレミファ コップ プレゼント

三ッ矢サイダーの王冠6コでコップが8コ当ります

●ガラスのピアノできんころりん

おなじみの三ツ矢サイダーに、ステキな〈ドレミファコップ〉がつきました。1オクターブの音がつくれる楽しいコップです。コップに三ツ矢サイダーをそそげばコロン、コロン、コロン…不思議な音色のコップです。王冠6コで1組。三ツ矢サイダーをまとめて買って、早速お送りください。〈ドレミファコップ〉1セット(8コ入りマレットミニレコードつき)を、毎月まいつき、抽選で10,000名様にさしあげます。

応募の方法

三ツ矢サイダーの王冠6コがひと組。王冠をテープで一列にとめて封筒に入れ、下記へお送りください。

あて先／東京日本橋局私書箱292号
郵便番号103－91
アサヒビール三ツ矢ドレミファコップ係

期間／昭和44年4月1日から7月31日まで

発表／コップの発送をもってかえさせていただきます。なお、おひとりで何組お送りになっても結構。ただし、1枚の封筒につき王冠6コに限ります。

シュンシュンしゅわしゅわ
美しい水 三ッ矢サイダー

キレイになりたい人は
おいしいゼライスを
たべてね
ゼライスは　タンパク質の
かたまり。どんどんたべると
ツメやヒフがキレイになるし
タンパク質だからいくらたべても太る心配は
ぜんぜん…。おしゃれに興味ある人なら
ゼライスをパクパクたべちゃう権利があります。
(ママにもすすめてあげてね)
オレンジ、メロン、イチゴ、パインの
4つの味があります。1箱60g　6人分。
(は)大洋漁業株式会社
あなたでもさっとつくれるゼラチンデザート
ゼライス®ハイゼリー
頭の栄養も
タップリだ
すごい美容食
なんだって
Jellice Hi-Jelly
ハイゼリー
オレンジ
メロン
ストロベリー
パイン

おやつは何がお好き？
アイスクリーム？それと
も**缶詰みかん**かしら——
どっちも欲しい……なん
ていうときは、ママにこ
う注文してごらんなさい
〝今日はみかんパフェ〟って。

いちどにふたつの味が楽
しめてすてきでしょ。

缶詰みかんで元気！元気！

缶詰みかん宣伝委員会

ママに作ってもらいましょう

雪印
スティック
チーズ
で毎週毎週
ホームラン
いまスゴイ人気の「バッティング・マシン」が
毎週100台当たる!!
任天堂のウルトラマシン
ウルトラ マシン
★雪印スティックチーズの空袋をお送りください
28g入り3枚または15g入り6枚で1口
〈組み合わせるときは15g 2枚で28g 1枚分です〉
★ホームラン賞
任天堂のウルトラマシンを毎週抽せんで100名さまに
★ヒット賞
毎週4,000名さまにスポーツカーのプラスチック組立てモデル　〈車種はおまかせください〉
フェラリーP―4
フォードJルマン
ポルシェカレラ6
●しめ切＝毎週土曜日
最終しめ切りは昭和43年12月14日（土）
〈当日消印有効〉
●送り先＝162東京・牛込局・私書箱14号
雪印スティックチーズR係
●発　表＝賞品の発送をもって発表にかえさせていただきます

SF〈空想科学〉テレビマンガ
スーパージェッター
毎木曜日　午後6時より30分間
TBSより全国ネットで放送
ふりかけたらこで ジェッターみたいに ボク…つよくなねんだ
©TBS
のりたま
袋入り30円・50円
アサのごはんがホッカホカ。ごはんの上に、パラパラパラッ…と“ふりかけたらこ”グーンとおいしくなっちゃった。たらこも、のりも、ごまもみんなおいしいものばかりだもの…。パパが「えいようまんてんだから、たくさん食べると、ジェッターみたいになるヨ」だって…
丸美屋食品工業株式会社
東京都杉並区大宮前0の0000/大阪・名古屋・仙台
ふりかけ たらこ
袋入り30円

〈のりたま〉があれば
何んでもおいしくたべられます！

すききらいのある子
学校に行っても
元気のない子
そんな時には
〈のりたま〉がいちばん
あったかいゴハンに
栄養満点の
〈のりたま〉をサラサラッ………と
ふりかけて
どんどん食べてください
ホラ！
おいしいでしょう
元気なよい子に
〈のりたま〉ファンが
ふえています

のりたま

袋入り　30円・50円

丸美屋食品工業株式会社
東京都杉並区大宮前0の0000／大阪・名古屋・仙台

©円谷プロ
ボク大好き
バラサノサ…
なんばいたべていいの？
バラサノサッサ…
おなか苦しい
シオシオノパー
快獣
ブースカ
TV/毎水曜日/午後7時より30分間/日本テレビ
ブースカが
あじかつをにのってやってきた！
お早く!!
あじかつを
袋入り25g 30円
丸美屋の
ふりかけ
あじかつを
先着1000名さまに
走るブースカ人形をさしあげます
■あじかつをの空袋3枚で毎週先着1000名さまに走るブースカ人形をさしあげます。
■〆切…4月末日
■送り先…東京都杉並区大宮前0の0000 丸美屋食品工業株式会社
美
東京都杉並区大宮前 0の0000
丸美屋食品工業株式会社

意匠登録＝第218367号
意匠登録＝第218368号

日本ゴム株式会社

ぼくらの
春がやってきた!!
緑の野山が待っている
さあ、大好きなマンガと
いっしょに
ハッスルしよう!!

アサヒ靴
ナイロンスクール
1《ワン》2《ツー》3《スリー》シューズ

ナイロンでできていますから1ビニール製より2倍も強い2色は上品で美しい3よごれても石けん水で洗えば、すぐきれいになります。

販売正価………14.0cm→15.5cm＝290円　16.5cm→18.0cm＝320円　19.0cm→20.0cm＝350円

意匠登録＝第218367号
意匠登録一第218368号

さあ見よう!!

◎アサヒ靴提供◎

レインボー戦隊

毎週土曜　午後8時から・NET・MBS・KBC

スポーツの秋だ。大好きなマンガといっしょに、青空の下《した》を元気いっぱいかけめぐろう。

■ナイロンで、できていますから美しく、かるく、じょうぶ。よごれても石けん水であらえば、きれいになります

アサヒ靴

日本ゴム株式会社

販売正価………14.0 cm→16.0 cm＝３００円 17.0 cm→18.0 cm＝３３０円 19.0 cm→20.0 cm＝３６０円

あひゃーッ!
出ました!
丸出だめ夫ビーチ★★★★★★★
はかない人は丸出だめ…
(共)丸出だめ夫 Ⓒ講談社
かけない人は丸出だめ…
どのサンダルにも、〇点メガネがついています。
ボロット
〇点メガネつき¥230
●お近くの履物店・全国有名デパート・靴店でおもとめください。
●実用新案特許出願中
共
共和化成工業KK

アアァ……
ちびっ子ターザン
集まれ!!

ＴＶ番組《ターザン》日本ゴム提供＝KBC・水曜日 7時30分→ 9時／RNC・日曜日 4時30分→ 6時

チータもついている人気《にんき》トップのアサヒターザン。元気《げんき》なよい子《こ》はみんなはいています。らんぼうにはいても強《つよ》いくつ。ターザンごっこをして遊《あそ》びましょう。

■ナイロンでできていますから＝美しく、かるく、じょうぶ。よごれても、石けん水であらえば、きれいになります。

アサヒ靴

アサヒターザン

日本ゴム株式会社

販売正価…14.0㎝・16.0㎝＝320円　17.0㎝・18.0㎝350円　19.0㎝・20.0㎝＝380円

むかうところ敵《てき》なしの怪獣王子《かいじゅうおうじ》。痛快《つうかい》な運動靴《うんどうぐつ》です。イジメッ子《こ》も、この靴《くつ》をはいてる良《よ》い子《こ》にゃかなわない。みんなで、かわいがってネ。

新発売!!

サイズ=14・0↓21・5cm

販売正価=320円↓380円

アサヒ靴

怪獣王子《かいじゅうおうじ》

■ナイロンでできていますから――――
美しく、かるく、じょうぶ。よごれても石けん水であらえば、きれいになります

日本ゴム株式会社

新発売
ボクはちびっこジャイアンツ
MR. GIANTS
ミスター ジャイアンツ
●読売ジャイアンツのペットマークYGつきのカッコいいバスシュー。その名もミスタージャイアンツ。
●うつ、はしる、なげる…どれでもみんなチャンピオン。キミもはかないかい。
ミスタージャイアンツ ハイバス
●サイズ…19.0～27.0㎝
●小売正価…￥620～750
●ミスタージャイアンツ ローバス
●サイズ…19.0～27.0㎝●小売正価…￥570～670
《姉妹品》
BASHU バスシュー
●サイズ…21.5～28.0㎝
●小売正価
￥1,050～1,100（1型）
￥ 850 ～ 900（2型）
月《つき》星《ほし》靴《ぐつ》
月星ゴム株式会社

走《はし》れ！跳《と》べ
ペースセッター
ライバルに負けるな、キミをとりこにする本格的トレーニングシューズ
シャープなサドルラインが足元をキリッとひきしめる。軽快さ、はきよさは抜群。通学用にもゴキゲンだ。
162
MOON STAR
pace-setter
ペースセッター
月《つき》星《ほし》靴《ぐつ》
月星ゴム株式会社

■色は4色 ■サイズ…19.0〜23.5cm ■小売正価…¥670〜700
●ホワイト
●ライトブルー
●ベージ
●ローデングリーン
Campus
Campus
兄貴たちの
グーな流行
これ、いただき！
■キミは、キャンパス・ジュニアって知ってる？ほら、いま、中学や高校の兄貴たちがはいているやつさ。
■ちょっとカッコいいんだ。そのジュニア用、キミのサイズ。はいてみてみない？おこづかいで買えるよ。
キャンパス ジュニア
月へも・星へも・月星靴
月星靴
EXPO'70
3-PO-16
日本万国博覧会
に出展参加します
月星ゴム株式会社

北風《きたかぜ》だってなかよしです

冬《ふゆ》の足音《あしおと》が聞《き》こえてくると　おしゃれなお友《とも》だちは　みんなマーガレットモードのコートを着《き》ます。　軽《かる》くてあたたかくて――すてきなデザインがいっぱい！マーガレットモードのコートがあれば　寒《さむ》い冬《ふゆ》もとっても楽《たの》しみ……。

ニチレ®

マーガレット

コート・ワンピース・ツーピース・ブラウス
スカート・スラックス・ジャンパースカート

日本レイヨン
ニチレ・ナイロン・エステル

ニチレ
マーガレット

マーガレット水着で
泳ぎに行かない？

ニチレ®
マーガレット

ワンピース＊ブラウス＊スラックス＊水着
スカート＊ジャンパースカート＊ソックス

日本レイヨン

こんなの着てみたい　あなたの考えてたとうりの水着でしょう
マーガレットモードの水着です　コドモの水着ではありません
若いレディの水着です　いちばん新しくて　良く考えられた水着
あなたがとても美しく　魅《み》力《りょく》的《てき》にみえる水着です

全国デパートで発売中

近鉄

大丸

阪急

ニチレ
マーガレット

意外！・トレロン星の宇宙人は、じょうずな日本語で三人に言った「君たち、トレロンのセーターを、かっこよく着ようね」
あそびにいくときに着たりデパートへ行くときなんかに着たり、しんせきのおばさんの家へいくときに着る一番いいセーターが、これです。トレロンという名をよくおぼえて買いにいこう
東レ
トレロン®
少年キングセーター
株式会社冨士商店
Toray 東洋レーヨン株式会社
少年キング
このタッグが目印です

ハイソックスで
おしゃれがいきいき！
ニチレ®
マーガレット
ワンピース＊ツーピース＊スカート＊コート
ブラウス＊ジャンパースカート＊スラックス
ランジェリー＊＊パジャマ＊＊ソックス
日本レイヨン
いつもフレッシュなおしゃれで人気のまとの マーガレットモード。秋の流行 ハイソックスもすてきでしょ。可愛いい女らしい感じ。スポーティなソックスもあります。秋の通学に、街へのおでかけに………週刊マーガレットとニチレが企画、フクスケが創りました。
ニチレ
マーガレット
フクスケ

レディのおしゃれは
ランジェリーからはじまります
ニチレ®
マーガレット
ワンピース＊ツーピース＊スカート＊コート
ブラウス＊ジャンパースカート＊スラックス
ランジェリー＊＊パジャマ＊＊ソックス
日本レイヨン
おしゃれのたいせつなポイント、スリップもマーガレットでえらんでください。冬にあたたかで薄手の袖つきや、通学に毎日洗って清潔に着る白いプレーンなもの、よそいきの日の可愛いいプリントまで…種類もいろいろ。マーガレットとニチレの共同企画で、コスギが創りました
ニチレ
マーガレット

このソックスをはいて、
マーガレット、マーガレット
マーガレットと3回となえると、
足がスラリと見えます。

ニチレと フクスケ ローティーンのためにつくりました

ニチレ
マーガレット

ソックス ＊ パジャマ ＊ ランジェリー
ワンピース＊ツーピース＊スカート＊コート
ブラウス＊ジャンパースカート

日本レイヨン株式会社

ニチレ
マーガレット

10月1日、ニチレとニチボーの合併により新会社ユニチカが誕生。フレッシュな頭脳と若い力を結集した、創造性豊かな企業です。

Charm Lip
新発売
荒れないくちびる バニラの香り
ビタミンA・E配合のモイスチャータイプ。あなたのくちびるに栄養とうるおいを与え、荒れを防ぎます。かわいい容器〈コスモス〉〈すずらん〉〈プラム〉入り。——各250円
カネボウ
250円
チャーム リップ
カネボウ化粧品チェーン店・有名百貨店でお求めください
Kanebo カネボウ
繊維製品から化粧品まで 世界でただひとつ 総合の美をつくる カネボウ

見つけて欲しい――見えないオシャレ

わたしのホントのオシャレは見えないところ。バニラの甘い香りのくちびるなの。お花やイチゴでドレスアップした可愛いキャップのチャーム リップ。あなたも リップメイト になりませんか。くちびるの荒れ止めにもなります。

荒れないくちびる バニラの香り

チャーム リップ。

6種 ―――― 各250円

カネボウ化粧品

品質を誇る 世界の衣粧美メーカー カネボウ

のりものよいに…かんでおいしい

小学生用トラベルミン

バスだって
ふねだって
へいきだよ
のりものよいなんか
するもんか
トラベルミンもってるから
へっちゃらさ

小学生用トラベルミンは
あまくて　おいしくて
おかしみたいに
ポリポリたべてもいい
のりものよいのおくすりなんだよ

ぼくたちのおくすり
小学生用トラベルミンを
わすれずに　もっていこうっと

6錠　80円

Eisai エーザイ

東京都文京区小石川0丁目
エーザイ株式会社
大阪・札幌・名古屋・福岡

忍者も飲んでる養命酒
1 伊賀者《いがもの》、甲賀者《こうがもの》で有名《ゆうめい》な忍者《にんじゃ》が盛《さか》んに活躍《かつやく》したのは戦国《せんごく》の時代《じだい》でしたが今《いま》でも、十年《ねん》間《かん》修業《しゅぎょう》して忍術《にんじゅつ》の免許《めんきょ》皆伝《かいでん》を受《う》け継《つ》いでいる忍者《にんじゃ》がいます
2 この忍者《にんじゃ》は精神修養《せいしんしゅうよう》、手裏剣《しゅりけん》、火薬《かやく》術《じゅつ》、槍《やり》、剣《けん》、忍《しの》び入《い》りなど昔《むかし》から伝《つた》えられているものをそのまま受《う》け継《つ》いでいます。
3 忍者修業《にんじゃしゅぎょう》の最初《さいしょ》は小股《こまた》に歩《ある》くことから始《はじ》まるそうです。これは早《はや》く目的《もくてき》地《ち》に着《つ》いたり、とっさの動《うご》きが楽《らく》にできるようにするためです。
4 このために忍者《にんじゃ》は足《あし》を大切《たいせつ》にして冷《ひ》やさないようにしています。又毎朝《またまいあさ》冷水摩擦《れいすいまさつ》や散歩《さんぽ》したり養命酒《ようめいしゅ》も飲《の》んでいつも体《からだ》をきたえているそうです
養命酒
YOMEISHU
5 体《からだ》を丈夫《じょうぶ》にしていれば、いざと言《い》う時《とき》になって超人的《ちょうじんてき》な力《ちから》がでて厚《あつ》い板《いた》などかんたんに突《つ》きぬいてしまうし高《たか》いへいも飛《と》び越《こ》えられるそうです
6 忍者《にんじゃ》のおじさんが飲《の》んでいる養命酒《ようめいしゅ》は飲《の》むと体《からだ》があたたまり、ごはんがたくさん食《た》べられるようになるので体格《たいかく》が良《よ》くなってきます。
7 ですから体《からだ》が弱《よわ》くて元気《げんき》のない人《ひと》も忍者《にんじゃ》のおじさんのように養命酒《ようめいしゅ》を飲《の》んでいれば強《つよ》くて丈夫《じょうぶ》な体《からだ》になることができます。
養命酒
さしあげます
忍者《にんじゃ》のおじさんも飲《の》んでいる養命酒《ようめいしゅ》のくわしいことは東京都《とうきょうと》渋谷《しぶや》局区内《きょくくない》〇の〇〇養命酒《ようめいしゅ》製造《せいぞう》㈱へお申《もう》し込《こ》みになればくわしい説明書《せつめいしょ》をどなたにもすぐにお送《おく》りします。
養命酒

OTSUKA
MENTUM11
巨人の星印
すりキズ……
ねんざ……
口びるのあれ……
キリキズ……
うちみ……
ひげそりあと……
肌あれ……
諸君!!これが大塚メンタム11です
有名薬局でどうぞ
巨人の星印
新殺菌剤
ヘキサクロロフェン
配合
新発売!!
大塚
メンタム11
新殺菌剤
ヘキサクロロフェン配合
12グラム‥100円　35グラム…200円　75グラム‥300円
東京 大塚製薬 大阪

小学館発行《しょうがくかんはっこう》

全科目《ぜんかもく》の勉強《べんきょう》がこの1さつでできる！

小学3年生のずかん

さあ、3年生《ねんせい》！この1年《ねん》かんは、このずかんでしっかり勉強《べんきょう》しましょう！

みなさんが一年《ねん》かんに勉強《べんきょう》する、こくご、さんすう、りか、しゃかいか、たいいく、おんがくなどの学科《がっか》を美しいえとずをつかってわかりやすく、ただしくおしえてくれるさんこうしょです。予習《よしゅう》、復習《ふくしゅう》につかってください。
どんな問題《もんだい》でも宿題《しゅくだい》でもこの一さつが、こたえてくれます。　〈B5大判《おおばん》・定価《ていか》 250円《えん》〉

3年生のみなさんにぴったりの学習さんこうしょ！

小学館の　25さつはつばいちゅう！

学習図鑑シリーズ

うつくしい、せいかくなえとずで、しょくぶつや、どうぶつや、こんちゅう、そのほか、みなさんが一年《ねん》かんに勉強《べんきょう》するかもくをわかりやすく説明してあります。家での勉強《べんきょう》にやくだててください。

B5大判《おおばん》・豪華箱入《ごうかはこいり》・定価各《ていかかく》 350円《えん》（⑩⑪㉕㉖は各《かく》 380円《えん》）

①②③④⑤⑥⑦巻《かん》

サイボーグ009

①②③巻《かん》

青《あお》の6号《ごう》

忍法《にんぽう》十番勝負《ばんしょうぶ》

超犬《ちょうけん》リープ

矢車剣《やぐるまけん》之《の》助《すけ》

①②③巻《かん》

ボンボン

■ご注文はお近くの書店にお願いします。もし、書店に品切れの場合は直接、秋田書店販売部へ本の定価に送料をそえてお申しこみください。送金は、カワセか振替をご利用になると、安全でご便利です。

①②③④⑤⑥巻《かん》

①②③④巻《かん》

石森章太郎《いしもりしょうたろう》著《ちょ》
サイボーグ009
①②③④⑤⑥⑦巻《かん》(各巻《かくかん》とも)
定価《ていか》220円《えん》
送料《そうりょう》50円《えん》
死《し》の商人《しょうにん》「黒い幽霊団《ブラックゴースト》」と対決《たいけつ》するサイボーグ9人《にん》の戦士《せんし》の大活躍《だいかつやく》!!

一峰大二《かずみねだいじ》(え)
黒《くろ》い秘《ひ》密《みつ》兵《へい》器《き》
①②③④⑤⑥⑦⑧巻《かん》(各巻《かくかん》とも)
定価《ていか》240円《えん》
送料《そうりょう》50円《えん》
黒《くろ》い秘球《ひきゅう》をはじめ数々《かずかず》の秘球《ひきゅう》をひっさげて、巨人《きょじん》の椿投手《つばきとうしゅ》大活躍《だいかつやく》!!

小沢《おざわ》さとる著《ちょ》
サブマリン707
①②③④⑤⑥巻《かん》(各巻《かくかん》とも)
定価《ていか》240円《えん》
送料《そうりょう》50円《えん》
小沢先生《おざわせんせい》の代表作《だいひょうさく》。サブマリン(潜水艦《せんすいかん》)707号《ごう》の活躍《かつやく》を見《み》よう!!

さいとう・たかを
ナポレオン・ソロ
①②③巻《かん》(各巻《かくかん》とも)
定価《ていか》240円《えん》
送料《そうりょう》50円《えん》
ソロとイリヤの大活躍《だいかつやく》するアクション・コミックスの決定版《けっていばん》!!

貝塚《かいづか》ひろし著《ちょ》
ミラクルA《エース》
①②③④巻《かん》(各巻《かくかん》とも)
定価《ていか》240円《えん》
送料《そうりょう》50円《えん》
かつて100万読者《まんどくしゃ》を熱狂《ねっきょう》させた本格大長編秘球《ほんかくだいちょうへんひきゅう》コミックス!!

石森章太郎《いしもりしょうたろう》著《ちょ》
ボンボン
①②③巻《かん》(各巻《かくかん》とも)
定価《ていか》240円《えん》
送料《そうりょう》50円《えん》
ギャグマンガにSF《エスエフ》をもちこみ、新《あたら》しい笑《わら》いをつくりあげたコミックス!!

貝塚《かいづか》ひろし著《ちょ》
ゼロ戦《せん》レッド
①②巻《かん》(各巻《かくかん》とも)
定価《ていか》240円《えん》
送料《そうりょう》50円《えん》
米空軍《べいくうぐん》を恐怖《きょうふ》のどん底《ぞこ》へたたきこんだゼロ戦《せん》レッド隊《たい》の痛快《つうかい》な大《おお》あばれ!!

小沢《おざわ》さとる著《ちょ》
青《あお》の6号《ごう》
①②③巻《かん》(各巻《かくかん》とも)
定価《ていか》240円《えん》
送料《そうりょう》50円《えん》
「サブマリン707」に続《つづ》いて小沢先生《おざわせんせい》が放《はな》つ海洋《かいよう》コミックスの第《だい》2弾《だん》!!

SUNDAY COMICS
COMICS 一峰大二
黒い秘密兵器
GIANTS
(第8巻)
KUROI HIMITSUHEIKI (NO.8)
黒《くろ》い秘《ひ》密《みつ》兵《へい》器《き》
SUNDAY COMICS
さいとう・たかを
0011
ナポレオン ソロ
③
①②③巻
ナポレオン・ソロ
SUNDAY COMICS
SF COMICS 石森章太郎
怪人同盟
KAIJIN DOMEI
怪人同盟《かいじんどうめい》
COMICS 楳図かずお
黒いねこ面
KUROI NEKOMEN
黒《くろ》いねこ面《めん》
①②巻
SUNDAY COMICS
COMICS 貝塚ひろし
ゼロ戦レッド
ZEROSEN RED (NO.1)
ゼロ戦《せん》レッド
SUNDAY COMICS
COMICS 川崎のぼる
死神博士
SHINIGAMIHAKUSHI
死神博士《しにがみはくし》
人気爆発《にんきばくはつ》!! 秋田書店《あきたしょてん》の
SUNDAY COMICS
サンデーコミックス
十人の人気《にんき》マンガ家《か》の競作《きょうさく》
忍《にん》法《ぽう》十番《ばん》勝《しょう》負《ぶ》
定価《ていか》240円《えん》・送料《そうりょう》50円《えん》
トップ・マンガ家《か》10名《めい》の腕《うで》をきそった連作《れんさく》忍者《にんじゃ》マンガ!!
川崎《かわさき》のぼる著《ちょ》
死《し》神《がみ》博《はく》士《し》
定価《ていか》240円《えん》・送料《そうりょう》50円《えん》
地獄《じごく》からまいもどってきた死神博士《しにがみはくし》は3人《にん》の男《おとこ》に死《し》の予告《よこく》を送《おく》った……!!
石森章太郎《いしもりしょうたろう》著《ちょ》
怪《かい》人《じん》同《どう》盟《めい》
定価《ていか》240円《えん》・送料《そうりょう》50円《えん》
変身《へんしん》、怪力《かいりき》、予知《よち》と、それぞれちがった超能力《ちょうのうりょく》をもつ3少年《しょうねん》の大活躍《だいかつやく》!!
桑田次郎《くわたじろう》(え)
超《ちょう》犬《けん》リープ
定価《ていか》240円《えん》・送料《そうりょう》50円《えん》
快速《かいそく》で空《そら》を飛《と》び、高圧電《こうあつでん》気をもつシッポ、超犬《ちょうけん》リープの活躍《かつやく》を読《よ》もう!!
楳図《うめず》かずお著《ちょ》
黒《くろ》いねこ面《めん》
定価《ていか》240円《えん》・送料《そうりょう》50円《えん》
毎《まい》ページふるえがとまらぬスリラーコミックスの決定版《けっていばん》!!
堀江《ほりえ》 卓《たく》著《ちょ》
12月25日ごろ発売
矢《や》車《ぐるま》剣《けん》之《の》助《すけ》
定価《ていか》240円《えん》 送料《そうりょう》50円《えん》
剣《けん》をとっては日本無敵《にっぽんむてき》の矢車剣之助《やぐるまけんのすけ》が、さっそうコミックス界《かい》に登場《とうじょう》!!
さいとう・たかを著《ちょ》
ザ・シャドウマン
①②巻《かん》定価《ていか》240円《えん》(各巻《かくかん》とも) 送料《そうりょう》50円《えん》
大都会《だいとかい》のやみの中《なか》から現《あらわ》れた黒《くろ》いからだの男《おとこ》の正体《しょうたい》は?
東京都千代田区三崎町0丁目0番0号
株式会社 秋田書店発行
(振替 東京00000)

スリラー全集《ぜんしゅう》

全《ぜん》6巻《かん》

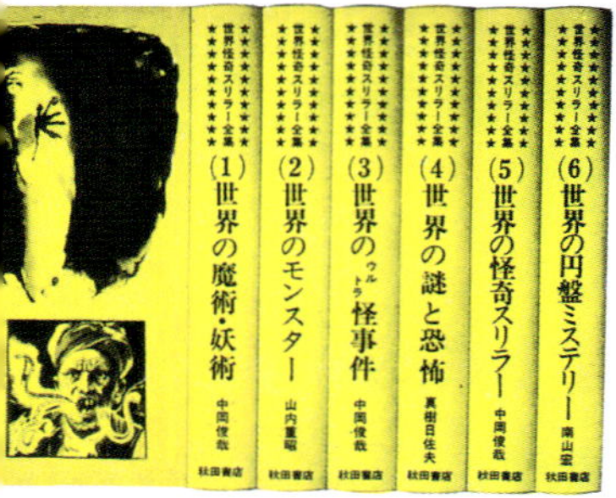

あなたの本《ほん》だなに、ぜひ、この全集《ぜんしゅう》を全《ぜん》6巻《かん》、そろえましょう!!

■定価《ていか》各巻《かくかん》 三八〇円《えん》 〒60

■各巻《かくかん》ともA5判・箱入り美本・二二四頁・口絵入り・10ポ総ルビ二段組

●きょ年は怪獣、こ年は怪奇《かいき》スリラーブーム!!

1967年は、怪獣に明け、怪獣にくれたブームでしたね。ことし(1968年)は、怪獣ブームにかわって怪奇もの、スリラーものが、ブームになります。この全集は、そのものズバリ、怪奇とスリラーが、どの本にもギッシリいっぱいです!!

2巻《かん》新《しん》発売《はつばい》!!　1巻《かん》大人気《だいにんき》発売中《はつばいちゆう》!!

第2巻 世界《せかい》のモンスター

山内重昭著

フランケンシュタインドラキュラの外国《がいこく》の有《ゆう》名《めい》なモンスターから、日本《にっぽん》のモンスターまで世界中《せかいじゅう》のモンスターを集《あつ》めた本《ほん》!! これ一冊《さつ》で、モンスターのことなら、なんでもわかる日本《にっぽん》で初《はじ》めてのモンスター百科《ひゃっか》!!

1月15日ごろ発売

第1巻 世界《せかい》の魔術《まじゅつ》・妖術《ようじゅつ》

中岡俊哉著

今《いま》もなお、世界《せかい》の各地《かくち》で超人《ちょうじん》ぶりを発揮《はっき》する魔術師《まじゅつし》・妖術師《ようじゅつし》たち!! 人《ひと》をのろい殺《ころ》し、嵐《あらし》を呼《よ》び、医者《いしゃ》に見《み》はなされた病人《びょうにん》を救《すく》う……どの話《はなし》も科学《かがく》では説明《せつめい》できないものばかりだが全部《ぜんぶ》、ほんとうの事《こと》ばかりだ!!

ばらしい全集《ぜんしゅう》を、お友《とも》だちにも教《おし》えてあげよう!!

秋田書店版《あきたしょてんばん》

世界怪奇《せかいかいき》

バツグンのおもしろさ!! 日本《につぽん》で初《はじ》めての怪奇《かいき》スリラー全集《ぜんしゆう》を読《よ》もう!!

⇦第《だい》1巻《かん》「世界《せかい》の魔術《まじゅつ》・妖術《ようじゅつ》」より。

●つづいて出《で》る本《はん》●

③世界《せかい》のウルトラ怪事件《かいじけん》
中岡俊哉著
（2月発売）
世界中をおどろかせた怪事件《かいじけん》の最新《さいしん》ニュースばかりを集《あつ》めた本《ほん》。

④世界《せかい》の謎《なぞ》と恐怖《きょうふ》
真樹日佐夫著
（2月発売）
科学《かがく》の進《すす》んだ現代《げんだい》でも、まだとけない歴史上《れきしじょう》の謎《なぞ》と怪奇《かいき》の事件《じけん》を紹介《しょうかい》。

⑤世界《せかい》の怪奇《かいき》スリラー
中岡俊哉著
（3月発売）
ゆうれいは、ほんとうにいる!! 血《ち》もこおる恐怖《きょうふ》の世界《せかい》の怪談《かいだん》。

⑥世界《せかい》の円盤《えんばん》ミステリー
南山宏著
（3月発売）
円盤《えんばん》は実在《じつざい》する!! 写真《しゃしん》と図解《ずかい》でくわしく説明《せつめい》した円盤画報《えんばんがほう》!!

このす

●みんなでオリンピックのレコードをきこう！

オリンピック実《じっ》況《きょう》レコード

《第18回オリンピック東京大会／1964》

このレコードはオリンピックのＮＨＫ実況録音より特別に編集したもので，すばらしかった開会式をはじめ，みんなが応援した日本選手の大活躍のようすなど，閉会式までの熱戦が手にとるようにきかれます。

〈レコードのおもな内容〉

- ●**開会式**＝選手団入場行進／ブランデージＩＯＣ会長あいさつ／天皇陛下開会宣言／聖火入場／選手宣誓／他
- ●**女子バレーボール優勝**＝決勝戦（日本対ソ連）
- ●**男子体操競技優勝**
- ●**マラソン**＝アベベ史上最高記録で２連勝／円谷健闘３位入賞
- ●**陸上競技**＝飯島決勝進出ならず（男子100ｍ準決勝）／ボブ・ヘイズ断然強し（男子100ｍ決勝）／依田日の丸ならず（女子80ｍハードル決勝）
- ●**水上競技**＝サトコ健闘及ばず（女子100ｍ背泳決勝）／水の芸術品ショランダー４つの金メダル（男子100ｍ自由型決勝）
- ●**閉会式**＝メキシコであいましょう

〈レコード番号〉

ＫＲ（Ｈ）－72　　30cmＬＰ（モノーラル）　1,000円

KING

キングレコード

おてがみーぽんでレコードがやすくかえます

LP 4まい タッタ 200えん

爆発的《ばくはつてき》売《う》れ行《ゆ》き！
君《きみ》といつまでも
歌《うた》・加山《かやま》雄三《ゆうぞう》

●エレキ・ギター・ヒット曲
(H73) 霧のカレリア・若さでゴーゴー
(H69) キャラバン・青い渚をぶっ飛ばせ
(H68) ヘルプ・クルーエルシー
(H67) 十番街の殺人・真珠貝の歌
(H66) 涙の太陽・夜霧のしのび逢い
(H60) ダイヤモンドヘッド・リトルホンダ
(H45) 太陽の彼方に・パイプライン

●最新ヒット曲
(H72) 涙くんさよなら・ユーアンドミー
(H71) 恋を抱きしめよう 1−2−3
(H70) 夢みるシャンソン人形・夜空のトランペット
(H65) 10番街の殺人・エイトデイズアウイーク
(H64) スイムで行こう・カレン（TV）
(H63) ロックンロールミュージック ノーリプライ
(H62) かわいいマリア・恋する瞳
(H61) 砂に消えた涙・アンジェリータ
(H57) アイフイールファイン・朝日のあたる家
(H53) 恋する二人・いい娘じゃないか
(H52) 夢みる想い・ほほにかかる涙
(H51) 愛なき世界・悲しきラグドール
(H49) 若さを歌おう・カサノバキッス
(H48) ヤアヤアヤア！・プリーズミスターポストマン
(H46) ツイストアンドシャウト マイボニー
(H43) シーラヴズユー・ポエトリー
(H41) 夢のお月様・花はどこへ行ったの
(H40) ラノビア・カムバックトウミー
(H39) 抱きしめたい・プリーズプリーズミー
(H38) 恋はすばやく・ラストダンスは私に
(H36) ドミニク・ぼくのマシュマロちゃん
(H32) ワシントン広場の夜はふけて・いとしのラナ
(H22) ヘイポーラ・悲しき雨音

●最新歌謡曲
(K26) 君といつまでも・夜空の星（加山雄三）
(K25) 恋は紅いバラ・君が好きだから（加山雄三）
(K19) ハイそれまでヨ・学生節（植木等）
(K18) スーダラ節・めんどうみたヨ（植木等）
(K17) アリューシャン小唄・ひなげし小唄（かしまし娘）
(K16) エリカの花散るとき・故郷のように（西田佐知子）
(K15) アカシアの雨がやむとき・死ぬまで一緒に（西田佐知子）
(K14) 網走○番地・ネリカンブルース（美川鯛二）
(K13) 霧笛が俺をよんでいる・男の怒りをぶちまけろ（トニー）
(H58) 夜明けのうた・何も云わないで（団洋子）
(H54) ウナセラデ東京・渚のボードウオーク（団洋子）

●愛唱歌
(T 2) 真白き富士の嶺・天然の美
(T 3) 出船・宵待草
(T 4) 叱られて・おぼろ月夜
(T 5) 椰子の実・春の歌
(T 6) 故郷の廃家・故郷の空
(T 8) 荒城の月・庭の千草
(T 9) 追憶・ドナウ河のさゞ波
(T10) 埴生の宿・平城山

●日本民謡
(M 1) 真室川音頭・会津磐梯山
(M 3) 佐渡おけさ・鹿児島おはら節

●映画主題歌
(S71) さすらいの口笛・太陽のかけら
(S70) 007／サンダーボール作戦・0011／ナポレオンソロ
(S69) 007／ゴールドフィンガー・四月の恋
(S66) アイドルを探せ・青春カーニバル
(S65) ブーベの恋人・誘惑されて棄てられて
(S63) サミーのマーチ・危険がいっぱい
(S61) ラスベガス万才・アカプルコの海
(S60) 踊り明かそう・君住む街角
(S59) ロシアより愛をこめて・間の中の兵隊
(S54) シャレード・恋のパームスプリング
(S52) 北京の55日・太陽は傷だらけ
(S46) サンライトツイスト・禁じられた恋の島
(S29) 第三の男・刑事
(S11) 禁じられた遊び・鉄道員
(S 4) エデンの東・太陽がいっぱい
(A 1) 禁じられた遊び・太陽はひとりぼっち
(A 5) 太陽がいっぱい・鉄道員
(A19) 禁じられた恋の島・女王蜂

●テレビ主題歌
(E 1) ローハイド・ララミー牧場
(E 2) カートライト兄弟・シャイアン
(E 3) サンセット77・アンタッチャブル
(E 4) 逃亡者・コンバット
(E 5) ベンケーシー・ドクターキルディア
(E 6) ルート66・ギャラントメン
(E 7) 忍者部隊月光・忍者部隊のマーチ
(E 8) マイティハーキュリー・ポパイ
(E13) てなもんや三度笠・お座敷小唄（まこと）
(E14) エイトマンのうた・ひょっこりひょうたん島
(E15) トムとジェリー・キャスパーと遊ぼう
(E16) サブマリン707
(E17) スーパージェッター・流星号マーチ
(E18) サイボーグ009
(E19) フータくん
(E20) 宇宙少年ソラン・いざ行けソラン
(E21) オバケのＱ太郎・ハッスルパンチ 遊星少年パピイ
(E22) おーいたいそうだよ・ちびっこのどじまん

●世界名曲
(C 1) 乙女の祈り・エリーゼのために
(C 2) マドンナの宝石・ツイゴイネルワイゼン
(C 3) シューベルト・ドリゴのセレナーデ
(C 4) トルコ行進曲・愛の夢
(C 5) 小犬のワルツ・幻想即興曲
(C 6) 楽しき農夫・ハンガリー狂詩曲六番
(C11) 白鳥の湖（ボリショイ劇場管弦楽団）
(C14) ローレライ・かっこうワルツ
(C15) 狩人の合唱・秋の夜半
(C16) 野ばら・菩提樹
(C17) メヌエット・ガボット
(C19) 白鳥・ソルベーグの歌
(C20) 美しく青きドナウ
(C21) ウイーンの森の物語
(C22) 舞踏への勧誘
(C23) 運命（ナショナルフィルハーモニー管弦楽団）
(C24) 剣の舞・ペルシャの市場
(C25) カルメン・蝶々夫人
(C26) ユーモレスク・トロイメライ
(C27) アンダンテカンタービレ
(C28) 新世界交響曲（ソヴイエト国立交響楽団）
(C29) 未完成交響楽（ボリショイ劇場管弦楽団）

●戦争映画・西部劇音楽
(S 1) 史上最大の作戦マーチ・西部開拓史
(S 3) シェーン・駅馬車
(S 6) 黄色いリボン・帰らざる河
(S 8) ジャニーギター・ＯＫ牧場の決斗
(S15) 戦場にかける橋・栄光のへ脱出
(S42) 皆殺しの歌・シェーン
(S43) 荒野の決斗・駅馬車
(S44) さすらいのマーチ・アラビアのロレンス
(S47) はるかなるアラモ・栄光への脱出
(S48) 誇り高き男・ジャイアンツ
(S49) ダンケルクマーチ・大脱走マーチ

●ハワイアン
(W 1) カイマナヒラ・南国の夜
(W 2) アロハオエ・小さな竹の橋
(W 3) ブルーハワイ・月の夜は
(W 4) ビヨンザリーフ・月影のなぎさ

●ギター名曲
(R 1) 月光の曲・浜辺の歌
(R 2) ロンドンデリーの歌・ドナウ河のさゞなみ
(R 3) 枯葉・エリーゼのために
(R 4) 二つのギター・ともしび
(R 5) 禁じられた遊び・魅せられしギター
(R 6) 斗牛士のマンボ・コーヒールンバ
(R 7) ラ・マラゲニア・グラナダ
(R 8) 北上夜曲・カチューシャ
(R 9) 真珠とりのタンゴ・月光
(R10) 五つ木の子守歌・ひえつき節
(R11) 黒い傷あとのブルース・セントルイスブルース
(R12) 別れの曲・ローレライ

●ラテン・タンゴ
(P 1) ベサメムーチョ・キサスキサス
(P 2) タブー・ある恋の物語
(P 3) キエレメムーチョ・斗牛士のマンボ
(P 4) ラ・マラゲニア・マンボNo.5
(P 5) ジーラジーラ・カミニート
(P 6) ラ・クンパルシータ・小さな喫茶店
(P 7) 真珠採りのタンゴ・バラのタンゴ
(P 8) 夜のタンゴ・碧空

●童謡
(D 1) おもちゃのマーチ・青い目の人形・めえめえ小羊
(D 2) どんぐりコロコロ・赤いくつ・キューピーさん
(D 8) 七つの子・夕やけ小やけ・一寸法師
(D 9) ゆびの歌・むすんで開いて・ゆりかごの歌
(D11) 雀の学校・お山のおさる・金魚のひるね
(D12) 花よめ人形・十五夜お月さん・通りゃんせ
(D13) 赤とんぼ・たきび・あわてどこや
(D14) ドレミの歌・おうま・チューリップ

●ロシア民謡・山の歌
(Y 7) トロイカ・ともしび
(Y 9) 赤いサラファン・草原情歌
(Y10) 山男の歌・赤とんぼの歌
(Y11) 北帰行・北上夜曲
(Y12) 山のロザリア・モスクワ郊外の夕べ
(Y13) かあさんの歌・惜別の歌
(Y14) あざみの歌・さくら貝の歌
(Y15) 幸せなら手をたたこう・牧場はみどり
(Y16) 灯・小さいぐみの木（国立モスクワ合唱団）
(Y17) モスクワ郊外の夕べ アムール河のさざ波（エイゼン他）
(Y18) 轍馬車の馭者だった頃（スコブツオフ）
(Y19) ステンカラージン（アルトール・エイゼン）
(Y20) バルカン星の下で・カリンカ（エイゼン他）

●マーチ・軍歌
(G 1) 軍艦マーチ・勇敢なる水兵・婦人従軍歌
(G 2) 戦友・敵は幾万
(G 3) 凱戦・雪の進軍・討匪行
(G 4) 空の勇士・ラバウル小唄・愛馬進軍歌
(G 5) 太平洋行進曲・海行かば
(G 6) 軍艦マーチ・錨を上げて
(G 7) 軍隊行進曲・ラデッキー行進曲
(G 8) 星条旗よ永遠なれ・ワシントン・ポスト・マーチ
(G 9) 旧友・士官候補生
(G10) 双頭の鷲の下に・美中の美
(G24) 愛国行進曲・君が代行進曲
(G25) 加藤隼戦斗隊・広瀬中佐
(G27) 進軍・突撃・起床・食事・消燈ラッパ
(G30) 東京五輪音頭・海を越えて友よ来たれ

おもうしこみは
どれでもお好きなレコードを４枚えらび、その４枚のレコード番号（例－S69、H39、H66、E20）と住所・氏名をハッキリご記入の上、代金 200円（８枚なら 400円）を封入して、下の宛先へお送り下さい。折返し、完全包装でお手元へ配達します。送料・梱包料その他一切いりません。

宛先 東京都新宿郵便局 私書箱98号 デイリーレコード マーガレット係

★本社　東京都新宿区西大久保０の000　お問合せは（000）0000〜0

第5章
文房具・自転車・時計・その他

新発売!

パーッと とびだす

立体

マーガレット パノラマブック

ホップアップ式

すてきな きせかえも
いっぱいよ……

ホップアップや
きせかえのほか
家具セット――
きせかえぬりえ――
ぬりえ――
デザイン用紙――
画用紙がついてます

わたなべまさこ先生画

有名デパート・文具店にてお求めください。

SYOWA ショウワ

ショウワノート

日本で初めての
鉛筆型!!
紙巻き消しゴム
新発売
クルクル消しゴム1本50円
COLLEEN

⊙力をいれなくてもキレイに消える新しい消しゴム

⊙紙巻きなのでいつまでも汚れずムダのない消しゴム

⊙小さな字の間でも上手に消せる細い消しゴム

⊙筆箱の中で場所をとらないカッコいい消しゴム

この夏にグーンと差をつける――

SUPER QUALITY COLLEEN Hi pierce
HB

勉強がグングン進むハイピアス。朝の涼しいうちにハイピアスで宿題をすませ、あとは楽しいマンガ。

プロフェッショナルの鉛筆

ハイピアス

- キレイな文字が書けるHi－Dシン
- シンのかたさをカラーベルトで色分け
- 使いよいワイドなケース入り
- シンの硬さ＝9H～H・F・HB・B～6B<17硬度>
- 1本＝50円　1ダース＝600円

躍進をつづける――

コーリン鉛筆

新しいマーガレットよ

いま、
おともだちのあいだで
大評判なの

おしゃれな文房具
マーガレット

《100名にプレゼント》
新しいマーガレット文房具の中で、あなたの好きなものはなあに？　6月20日までにハガキでおしえてください。100名のお友だちにマーガレット文房具をさしあげます。

●ハガキのおもて
東京都中央区日本橋馬喰町1の1　吉秀株式会社　企画係

●ハガキのうら
あなたの好きな文房具の名前。お名前。住所。学年。学校名。

ベニス　吉秀株式会社
東京都中央区日本橋馬喰町0の0

〈お願い〉もし、あなたが買いに行ったお店にベニス印のほしい文房具がなかったら、この広告を見せて、とりよせてください。

”バビューン カンゲキ“
1本で27色が使える
45本入《ほんいり》40えん
★かえ芯《しん》もあります
ピンク
みどり
山吹
深緑
フジ
茶
黄緑
レモン
朱
黒
赤
ブルー
肌色
むらさき
エメラルド
ボタン
オレンジ
紅茶
黄朱
ネズミ
黄土
青
赤茶
桃
黄
アイ
白
好《す》きな色《いろ》が27色《しょく》
自由《じゆう》に使《つか》えます
全《ぜん》世《せ》界《かい》注《ちゅう》目《もく》の第《だい》四《よん》筆《ひっ》記《き》具《ぐ》
一本《ぽん》８０えん
マニカラーペンシル
全国のデパート・文房具店でお求めください
売り切れのときは下記に80円切手を入れてお送りください
日本ボールペン販売本舗　寺西商事株式会社
飯能工場 M係　埼玉県飯能市川寺00－0
■プラスチック ペンシルセット（ケース入）¥150

おしゃれな文具
マーガレット
サイケな、らくがき
ボディペインティング。
お湯と、せっけんで、
落ちるのよ。
ほんとは、おふるの白いシャツなの
MiniMini
宿題のグラフ。先生にほめられそう
8月
きせかえ人形さん。夏のドレスよ
お友だちに元気なおたより
ステンドグラスみたいでしょ
花びら、水玉、グラフ。どう?きれいに描けたでしょ
パッとあけると
6つの色
えのぐみたいにキレイな色で、エンピツみたいに細くかけるの。2つの色をかさねると、新しい色もつくれます。
ピンク+黄=オレンジ
ブルー+ピンク=むらさき
緑+黄=きみどり
あらメモ帳?
と思うでしょ
ポケットにはいるミニサイズ。手帖、時間表、写真入れシールつき
SOCCER
100名にプレゼント
あなたがもっている「マーガレット文房具」の名前をおしえてください。8月20日までにおへんじをくださった方の中から100名のお友だちに、"ミニミニカラーペン"をさしあげます。
●ハガキのおもて
103東京都中央区日本橋馬喰町0の0
ベニス株式会社企画係
●ハガキのうら
あなたがもっている「マーガレット文房具」の名前、住所、氏名、学年、年令、学校名
新しい マーガレット
ミニミニカラーペン ¥250
ベニス株式会社
《お願い》もし、あなたが買いに行ったお店にベニス印のほしい文房具がないときは、この広告をみせてとりよせて下さい。

ハッパ
ふみふみ
若いから選ぶ
かっこいい
エリートS
すぐれた書き味の4種類 各2,000円
18K
PILOT
SCRIPT
18キンキラ
金ペン
書き味最高！
でっかい18金ペン
パイロット
エリートS

自分《じぶん》で作《つく》って楽《たの》しく書《か》こう!!

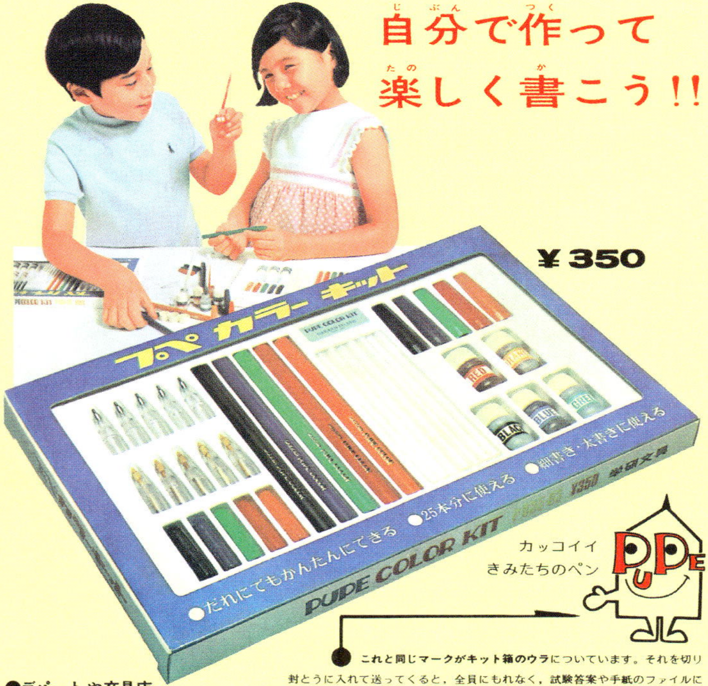

¥350

カッコイイ
きみたちのペン

●これと同じマークがキット箱のウラについています。それを切り封とうに入れて送ってくると，全員にもれなく，試験答案や手紙のファイルにべんりな，マットファイル二部（100 円分）と動物シール一枚（50円分）を送ります。
あて先／東京都大田区上池台　学研文具プペ係　（郵便番号 145）　しめきり　11月15日

●デパートや文具店で発売中です。

新発売

●ペンのしくみがわかるまったく新しい筆記具の組み立てキットです。細書《ほそが》き・太書《ふとが》き用のペン先が5本ずつセットになっています。だれにでもかんたんに組み立てられ，接着剤《ちゃくざい》もいりません。インクのつぎたしをすれば25本分に使えます。ノートや手紙，スケッチなどあらゆる用途《ようと》ＯＫ!!
●黒・青・赤・緑・オレンジの５色カッコよく作ってください。

プペ カラー キット

学研文具
〈学習研究社〉東京・大田

好評！
65年は宇宙時代
君も電気をバッチリ
お年玉で買えるエレキット。
そして　宇宙時代の電気
ーエレクトロニクスーが
バッチリわかります。楽し
くタメになり　お友だちも
ビックリです

エレキット

■ハンダも、工具もまったく不用！　■簡単に、安全にラジオや電気のすべてがわかるようになります　■数多くの回路が組立てられます　■面白いいろいろな実験が出来ます　■ご家族そろって楽しめます

7セブン

¥1.950

モデル**1002**

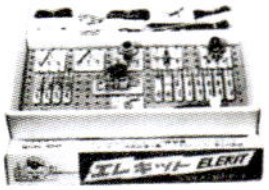

¥2.950

モデル**3000**
リレーシリーズ

¥3.700

★お求めは、近くの有名デパート模型売場、教材店、模型店で……

やさしく楽しい
電子ブロック
新シリーズ誕生
やさしい組立て！
キレイなケースになったな
DR－ⅠA コース16回路
・1石ラジオ・シグナルインジェクター・インターホン・モールス・てんしんき……ワイヤレスマイクまで16回路
セツメイもタノシクヤサシイ
DR－ⅡA コース30回路
・2石ラジオ・2石ワイヤレス・モールス・2石レコードアンプ・とうちょう器
カンドもヨクナッタな
シグナルトレーサーまで30回路
DR－ⅠA型 ¥3,200
新シリーズ第一弾！新しく開発されたこのセットは、スマートな透明のケースに電子ブロックが組みこまれ便利で使い良く、ケースの中で組みかえるだけで、簡単に楽しい16回路ができます。
つぎつぎと楽しく組みかえられる
このブロックを並べかえるだけ……
DR－ⅡA型 ¥3,950
新シリーズ第2弾！DR－ⅠAのセットのほかに電子ブロック10個が付属品に組みこまれ、一段と性能が良く、30回路の楽しい実験ができます。
DR－7型 ¥9,800
すばらしい実用電子ブロック！実用的22回路が簡単に組めます
電子ブロック DENSHI BLOCK
DR-7 Deluxe
DR－7型 デラックス ¥19,800
電子ブロックの最高峰！DR－Ⅰ－Ⅱ型の実験24回路のほか、スーパーラジオからトランシーバーまで実用36回路ができます。
●30Wのソリッドステート・ステレオもあります
科学技術庁長官奨励賞に輝く！
電子ブロック
●全国有名デパート・教材店・模型店でーせい新発売！
●電子ブロックについてお知りになりたい人は、切手30円分を同封の上、お問い合せください。
電子ブロック機器製造株式会社
電子ブロック友の会本部
名古屋市東区長堀町0－0 TEL(000)0000

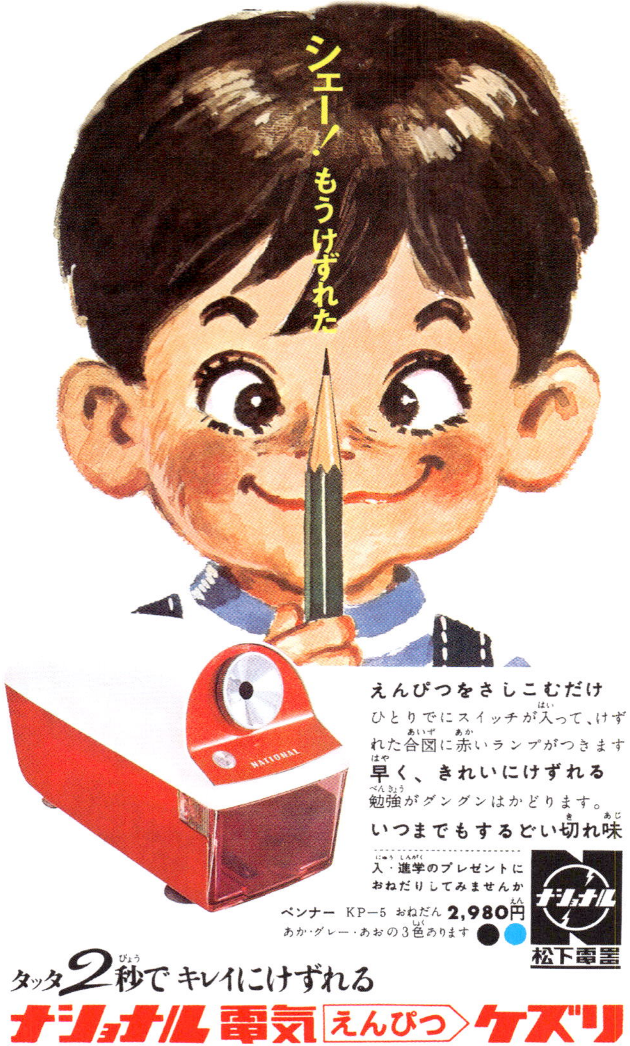

シェー！もうけずれた
えんぴつをさしこむだけ
ひとりでにスイッチが入《はい》って、けずれた合図《あいず》に赤《あか》いランプがつきます
早《はや》く、きれいにけずれる
勉強《べんきょう》がグングンはかどります。
いつまでもするどい切《き》れ味《あじ》
入《にゅう》・進学《しんがく》のプレゼントに
おねだりしてみませんか
ペンナー KP—5 おねだん 2,980円《えん》
あか・グレー・あおの3色《しょく》あります
NATIONAL
ナショナル
松下電器
タッタ2秒《びょう》で キレイにけずれる
ナショナル電気えんぴつケズリ

写真《しゃしん》は、水木《みずき》しげる先生《せんせい》

ただ さしこむだけ。アッという間《ま》にけずれる。だから勉強《べんきょう》のスピードアップに役立《やくだ》つ。いつもとがったえんぴつで、キレイな字《じ》がかける。先生《せんせい》やおかあさんにほめられるョ。

●けずれた合図《あいず》に赤《あか》いランプがつき、けずりすぎません。●はやく、キレイにけずれます。

●切《き》れ味《あじ》は、いつまでも変《か》わりません。

松下電器

タッタ2秒《びょう》でキレイにけずれる

ナショナル電気えんぴつケズリ

KP—5 ペンナー 現金正価 **2,980円** 色は、あか・あお・グレー

日本PTA全国協議会ご推せん

50 創業50周年 世界《せかい》に伸《の》びる技術《ぎじゅつ》のナショナル

オルゴールのついた地球儀《ちきゅうぎ》 コスモ・18

2,500円

地理の勉強がグンとたのしくなったョ！

この地球儀をまわしてごらん。美しいメロディーが流れてくるョ。
こんな楽しい地球儀はコスモ18だけなんだ。これなら地理の勉強にもファイトがわくョ。試験の点もバッチリいただき！しかも音楽的センスもやしなわれる。友達もきっとうらやましがるョ。
〝シュクダイならアイツの家でやろう！〟
キミはこんな人気者になるのだ。

クイズを当てて
コンペットを
もらおう！

50名の諸君に当る！最高級シャープペンシルと専門家用コンパスがセットになったカッコいい文房具セットだョ。グンとしゃれて「コンペット」とよぶんだ。

★新発売！

★もんだい

次の5曲はどこの国の歌か。
その国名を書け。

①こきょうの空（この国の首都はロンドンである。）
②とうげのわが家（この国には世界一長い川ミシシッピーが流れている。）
③はにゅうの宿（この国にはグリニッジ天文台がある。）
④カチューシャ（この国の女子バレーボールチームはメキシコオリンピックで金メダルをかくとく。）
⑤ともしび（この国は世界一面積が広い。）

むずかしかったら
お父さんやお母さんにきいてごらん。

応募のしかた

- ハガキに答・住所・氏名・学年を記入。
- 答えの書き方は曲名を書いて、その下に国名を書いてください。
- 〆切　12月31日
- 発表少年サンデー1月31日発売　8号
- 送り先　大阪市東区南久宝町0－0　〒541
  クツワ株式会社少サン係

この中に オルゴールが しかけてある！

●クルリとまわせば
ピンポンパンポンチンチロリン　♬♪♩
こたえられないたのしさだ。
どんな曲が入っているかって？
●こきょうの空●とうげのわが家●はにゅうの宿●カチューシャ●ともしび
この5曲だ。コスモ18にはこのうちどれか1曲入ってるョ。みんなが知ってる名曲ばかり。家族そろってたのしめるョ。
キミのお父さんやお母さんならきっと買ってくださるだろう。
デパートや文房具店に売ってるョ。
色は赤のほかに青もあるョ。

クツワ 株式会社

本社　大阪市東区南久宝寺町0-0　TEL (00)00-0000(代)
支店　東京・札幌・福岡
コスモ18のお問合わせは本社へどうぞ。

クツワ

やあねえ、もう
わたしがアイスペットを
もってるからって
こんなに　おおぜいじゃ
わたしのぶんが
なくなっちゃう
でしょうよ
ICEPET
デラックス型 2,100円 スタンダード型 1,600円

ヤマハエレクトーン教室
夏休みにエレクトーンを思いきりひこう。おけいこは
まいしゅう1かい。お母さんよりじょうずになろう。
YAMAHA
日本楽器製造株式会社

もうそろそろヤマハピアノの時間ですよ
おてんばさんの時間が終わったら
静かなピアノの時間にしましょう
U2C（サペリ）—¥247,000 日本楽器製造株式会社
YAMAHA

みんなの
人気が集まる
丸石の5段変速つき!

見て美しく、乗り心地のすばらしい丸石の自転車。
評判の軽い足まわり。
通学に、サイクリングに、
お友だちとスピードを
楽しんでください。

丸石ホリデーKZT＝5C
外装5段変速・ドロップハンドル　￥24,500

丸石の自転車

さわやかな秋…………………

だってミヤタだもン

秋をいっそうさわやかにするミヤタの子供車。軽くて丈夫、きがるにペダルをふんで秋の野原や公園へ……お兄さん、お姉さんにも大評判のミヤタ自転車。ジュニア版も人気です。

日本で初めて！自転車のミニチュアモデル（小型模型）完成!!
ミヤタの子供車1台お買い上げの方にさし上げています。

ミヤタの自転車

宮田工業株式会社　神奈川県茅ヶ崎市茅ヶ崎0000

□自転車のご相談は信用あるミヤタの代理店・有名百貨店へ

ハガキに貼って
ご請求ください

カタログ進呈券
SS－11

ブリヂストン・スポーツ車シリーズ〈1〉

ダイヤモンドロード10

ブリヂストンが66年度スポーツ車シリーズのひとつとして開発した本格的なロードレーサーだ。設計上の特長を紹介しよう。

まずフレーム❶だ。1/100秒をあらそうロードレースではペダルに大きな力がかかる。普通のフレームでは〈ゆがみ〉が起きてハイ・スピードに耐えられない。この車では軽く、しかもとび切り強いクロムモリブデン鋼のダブルバテットチューブを使って、その心配をなくしている。

つぎにタイヤ❷だ。チューブを内に縫込んだ27×1 ⅛ 高圧用の丸タイヤは、走行抵抗が非常に少ない。もしレース中に故障などで車輪を交換するときは、ポンとワンタッチでおこなえるようクイックレリーズ❸がついている。
変速機は前❹が2段、後❺が5段パンタグラフ式の10段変速。スピードチェンジのタイミングは最高である。
ペダルを踏む力と引き上げる力、どちらもスピードに変えるトウクリップとトウストラップ❻はもちろん、走行中に疲れをいやすボトル（水筒）❼も装着されている。

●楽しい車がいっぱい
カタログをもらおう！

ブリヂストンにはスポーツ車から軽快車・子供車まで50余車種がそろっています。カタログ請求券をハガキに貼り住所・氏名・年令を明記の上、東京中央郵便局私書箱241ブリヂストンタイヤ株式会社宣伝課ＣＹ係へどうぞ！

生産台数第一位
BS ブリヂストン
自転車
ブリヂストンタイヤ株式会社

ランランセール
1月15日▶4月15日
（新潟・東北・北海道は3月1日→5月31日）
期間中、自転車お買上げ1台ごとに、もれなく景品をさしあげます

スポーツ車には
自転車工具セット

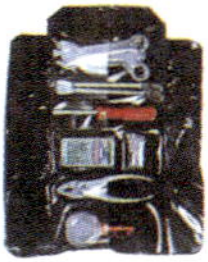

軽快車·実用車には
レジャーバッグ

子供車には
地球儀

カタログ請求券
少マ②

ツーリングタイプ

富士セフティエイト 〈CTS8〉

正価　￥27,000

- ●若さがはずむフレッシュなスタイル
- ●加速もスムーズなパンタ式8段変速装置
- ●安全に飛ばせるセーフティーレバーつき
- ●ハンドルバーはにぎりやすい15/16ドロップ
- ●軽くて明るいマッドガード用軽合ランプ

オーディナリータイプ

富士ツアーフォア 〈CT4-2〉

正価　￥24,800

- ●ジュニア向きの高級サイクリング車
- ●通学・通勤にも便利なフラットハンドル
- ●グーンとスピードにのる外装4段変速機
- ●ペダルは踏みやすいラットトラップ型
- ●軽いタッチで確実にきく軽合金ブレーキ

〈富士サイクリング車〉はレーシング、ツーリング、オーディナリーの用途別3タイプ＝18車種の新鋭ぞろいです。空気のぬけないブチル製パーフェクト・チューブと特許バルブを使用、めんどうなポンプ押しは1年1回でOKです。

富士自転車　日米富士自轉車株式會社
東京都台東区東上野0丁目0番0号

ハガキに貼ってご請求ください　カタログ進呈券 SM・11

カッコいいのが気にいった
坂道だって　デコボコ道だって
気にしない
自由な
変速
スピードも
安定性も　ぜったい　まけない
友だちとサイクリングに行ったって
マルイシなら自まんできる

世界ではじめて
ひかりが流れる**フローライト・フラッシャー**

富士フラッシャーF10・F5《新発売》
フローライト・フラッシャー
〈富士〉がはじめて開発した画期的な方向指示装置です。スイッチひとつでまがる方向へ3つのライトが順にパッパッパッと光って流れ、方向をはっきり示します。
フォッグライトとサイドライトつき
ツインのヘッドライトに〈富士〉の技術が開発したフォッグライトとサイドライトが組みこまれています。霧の中でもフォッグライトで前方からよく見え、またサイドライトが赤く光って安全に走れます。しかも、この2つはワンタッチでうしろのフローライト・フラッシャーと連動してウインクする画期的な方向指示装置です。

10段変速スポーツ車　富士フラッシャーテン〈F10〉　現金正価　29,900円

富士フラッシャー・シリーズには5段変速スポーツ車　富士フラッシャーファイブ〈F5〉 現金正価　27,900円もあります

安全に役立つ7つの新機構　1フローライト・フラッシャー2フォッグライトとサイドライトつきデュアルライト3ポストシフト変速レバー4高級なクロス型フレーム5リフレクターつきコメットサドル6点灯式テールライト7リフレクターつきペダル

富士LET'S GOレッツゴーセール

4月20日まで

期間中〈富士自転車〉お買上げの方に
《もれなくプレゼント》
●ただし特需車はのぞきます

大人車には＝ロケットスタンド
またはミラクルライト

子供車には＝イタリア製8色ボールペン
（1台に1本）

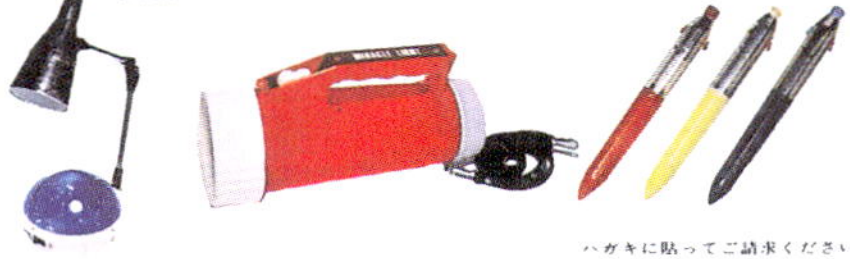

ハガキに貼ってご請求ください

カタログ
請求券
SM・2

富士自転車　日米富士自轉車株式會社
東京都台東区東上野0丁目00番0号

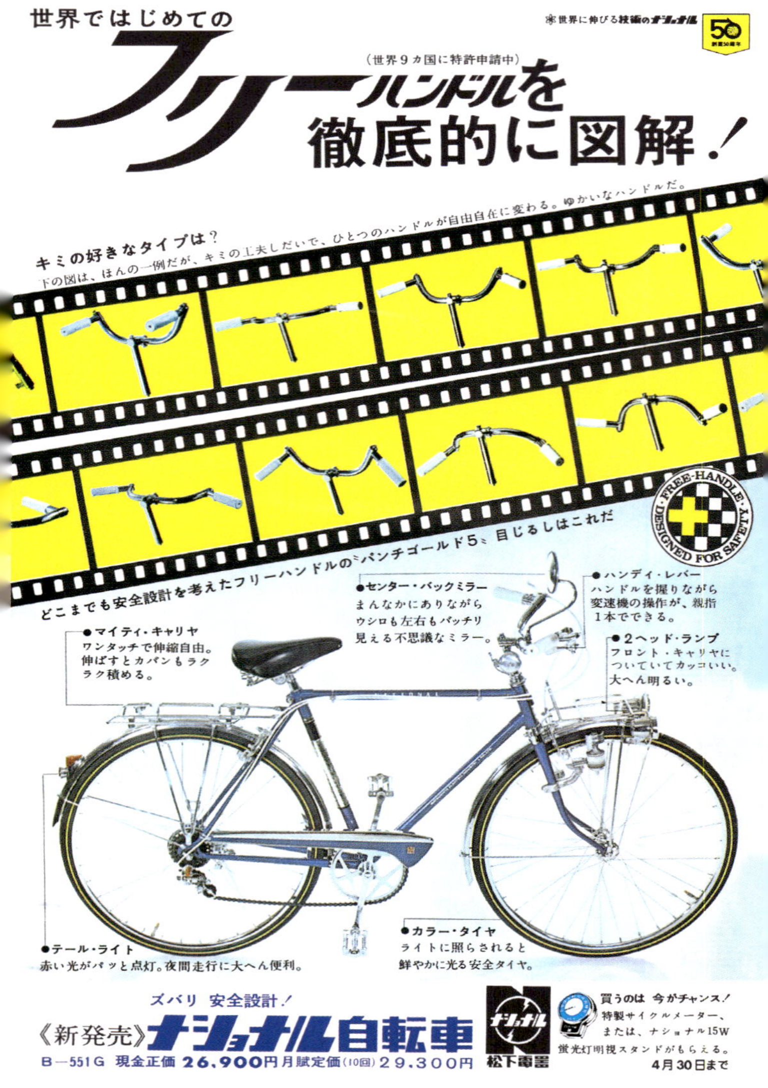

世界ではじめての
フリーハンドルを
(世界9カ国に特許申請中)
徹底的に図解！
世界に伸びる技術のナショナル
キミの好きなタイプは？
下の図は、ほんの一例だが、キミの工夫しだいで、ひとつのハンドルが自由自在に変わる。ゆかいなハンドルだ。
どこまでも安全設計を考えたフリーハンドルの〝パンチゴールド5〟目じるしはこれだ
FREE-HANDLE DESIGNED FOR SAFETY
●センター・バックミラー
まんなかにありながら
ウシロも左右もバッチリ
見える不思議なミラー。
●ハンディ・レバー
ハンドルを握りながら
変速機の操作が、親指
1本でできる。
●マイティ・キャリヤ
ワンタッチで伸縮自由。
伸ばすとカバンもラク
ラク積める。
●2ヘッド・ランプ
フロント・キャリヤに
ついていてカッコいい。
大へん明るい。
●テール・ライト
赤い光がパッと点灯。夜間走行に大へん便利。
●カラー・タイヤ
ライトに照らされると
鮮やかに光る安全タイヤ。
ズバリ 安全設計！
《新発売》ナショナル自転車
B—551G 現金正価 26.900円 月賦定価(10回) 29.300円
ナショナル
松下電器
買うのは 今がチャンス！
特製サイクルメーター、
または、ナショナル15W
蛍光灯明視スタンドがもらえる。
4月30日まで

だ円形
BRIDGESTONE OVAL
BRIDGESTONE OVAL
BRIDGESTONE OVAL
BRIDGESTONE
きみのGTオーバル10
オーバル10
外装10段変速
オーバルギヤ採用
ユニライトシステム
現金正価
¥31,000
6回分割正価
¥32,600
オートドライブ 100台プレゼント
つぎの問題にお答えください　正解者のうち抽せんで100名様にオートドライブ（自動変速装置）採用車 ＜ピクニカ200＞ をさしあげます。
問題：ブリヂストンが開発した、自転車ではじめての自動変速装置の名は何といいますか？
●お答えは、ハガキに書いて住所・氏名・年令・学年を記入し、下の応募券をはっておだしください。●送り先は、東京都中央区京橋0－0ブリヂストンタイヤ株式会社宣伝第1課●締切りは5月31日●発表は7月1日、全国のブリヂストン自転車店店頭
オートドライブ発売記念
ランランセール
開催中～
5月31日
お買上げ1台ごとにもれなく
すてきな景品つき
トップメーカーの技術
ブリヂストン
BS 自転車
応募券

YOO!
GO!
WOW!
MECHANCHA
グリップフラッシャーシステム
ハンドルレバーの両先端より発光信号を自由に送り、前後同時に安全確認できる抜群のシステム——
FNエックスチエンジライト
照射位置が遠近に調節できる安全走行のための新設計ランプ採用!!
ML並列方式
画期的新方式!! スピードメーターとインジケーター付コンソールレバーをハンドル部に並列。メカニックな豪華さプラス安全機能をグンとアップ
セパレートホーン
安全走行に実力を発揮する出力音90ホーンの特殊設計!!——
蛍光タイヤ
スマートな蛍光ライン。夜間走行の安全性を倍増する革命のタイヤ
ワンタッチ
フリーリフレクター
80mmの大口径リフレクター採用!! 反射方向が自由なワンタッチ調節
NEW
メカニカ
SPB(スーパーブルー)、
IV(アイボリー)の2色があります。
現金正価 ¥27,900
正価—— ¥29,500
サマーメイトセール
'68・8月31日迄——
●期間中ツバメ自転車1台お買求めの方にメイトバッグ、ウクレレ(いずれも上の写真の商品)又は、夏掛ふとんのうちいずれか1点を〈子供達には、バトミントンセット〉(ラケット2本 羽根1個)を差し上げます。
話題の新車
ついに登場!!
外装5段変速機付
●安全走行の新機構完全装備!! 新開発3つの実用新案(出願中)
アラヤの
ツバメ自転車
新家工業株式會社
大阪市南区末吉橋通0丁目0番地・TEL(000)0000番(代表)

完全図解　これがセキネ　スパイダー5《ファイブ》だ！

新装置　P・Bライト

オートバイと同様、停止の際に大型テールがストップの合図をします。また、駐車の際には携帯用ランプが確認に役立ちますので、安全なナイトランを一層楽しめます。
P（パーキング）・B（ブレーキ）ライト（実用新案出願中）

アップ、セミドロップ兼用ハンドル

まったく新しいタイプのハンドル。特殊ラング（割型）の採用により上ブタをユルメるだけで、簡単にセミドロップハンドルがアップハンドルになります。

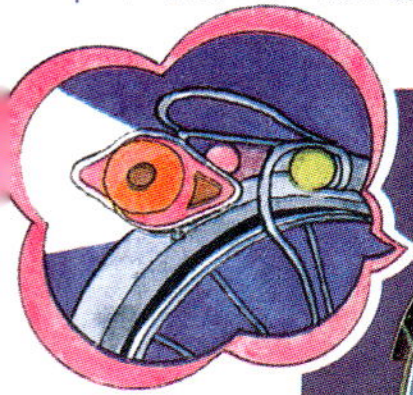

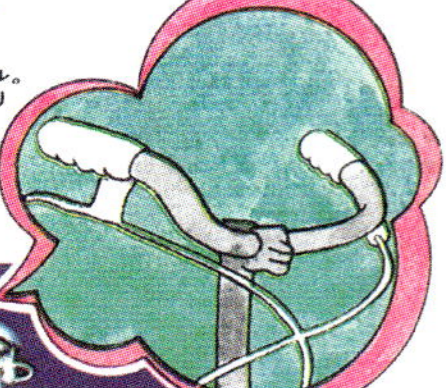

ワイドフリー付5段変速機

5段で10段の働きをするワイドフリーとスカイラーク変速機を組合わせた変速機構。走行が能率的に、しかも力の節約（セーブパワー）ができます。

★ストップライト装置
★輝くリフレクター
★ABS樹脂製ツインランプ

QA-5

セキネが独自に開発したエアーボンベ。ワンタッチですばやく空気がはいり、50回以上空気補充が可能。後キャリヤに装備！
¥290円（セキネ代理店にて発売中）
QA-5（クイック・エアー）（特許・意匠登録出願中）

ウヒャー！　セキネ《スパイダー5》がおこずかいで！

おこずかいをかき集めよう！全部で3、000円ほどあればOK。あとは君の演技力……

〈マジメに〉

「セキネ《スパイダー5》がモーレツにほしくてヒッシに貯めたんだけど…」

パパが、君のけなげな態度に感心し3、500円を加えてくれる。さあ、これで初回金を払えばセキネ《スパイダー5》は君のもの。

二回目からの支払作戦としてちょっともったいないけど、君の自家用車で兄貴やママのお使いをひきうけよう。そして少々おこずかいをせしめればいい……ネ？

スパイダー5〈GP―5―2〉

現金正価　¥27、500

月賦定価
〈6回〉¥28、700
初回金　¥7、200
以後¥4、300×5回
〈10回〉¥29、900
初回金　¥6、500
以後¥2、600×9回

フレッシュマン・セール〈景品付〉5月20日まで

セキネの自転車

東京都荒川区荒川0丁目00番地　TEL〈000〉0000-0

カタログ請求券
M-6

選ばれた
男の車
富士ブラックトップ
ますます好評！
通産省選定グッドデザイン
入選作品　自動車のレザー
トップスタイルを取り入
れたツートンカラー
の本格派　君を
100%満足させる
スポーツタイプ
です
富士ブラックトップファイブ
BT5
現金正価　26,900円
月賦定価（6回）　28,200円
ブラックトップは〈5車種〉そろっています
FUJI
富士自転車
日米富士自轉車株式會社
東京都渋谷区栄通0丁目00番0号　〒150

ハガキに貼ってご請求ください

カタログ
請求券
SM・10

※世界に伸びる技術のナショナル

ぬれた道《みち》を走《はし》っても大丈夫《だいじょうぶ》！
ピタッと止《と》まる安全《あんぜん》なバイタルブレーキ

（特許出願中）

ギザギザをきざんだV形《がた》リムに、クサビのかたちをしたブレーキゴムがはたらく、世界《せかい》ではじめての新式《しんしき》ブレーキです。とくに、雨《あめ》やつゆなどで、ぬれた道《みち》を走《はし》ったとき、いままでの半分《はんぶん》のきょりでピタッと止《と》まるスゴイききめのブレーキです。

自動変速機〈オートメカ〉
5段変速のどのギヤも、走りだすときは低速で、スピードをあげると、ひとりでに高速にはいる2段式。出足が軽く10段分の働きをする。

デコボコの道も、安心して走れる〈オーバーロックナット〉
いちどしめると、フォークエンドにガッチリくいこむナショナルだけのハブナット。

キミも、おとなの仲間《なかま》いりができる……

黒《くろ》いスポーツ車《しゃ》

新発売　バイタルブレーキ・５段変速機つき

パンチ・オート５

現金正価 **28,500円**　月賦定価（10回）31,000円

ズバリ！　安全設計――――

ナショナル自転車

松下電器

買うのは今がチャンス！スプリングセール実施中（4月30日まで）

アロー信号でかっこよくスタート!!
スポーティーに走ろう!
シグナルを出そう!
★まがるときも、ストップするときも、シグナル出して、安全せんげん!
光が矢のように方向指示する
((新開発)) ヤングホリデー アローフラッシュ
5段変速・アローフラッシュA型付
現金正価29,800円
ジュニアスポーツ車 YT19-5SDW
☆丸石ヤングホリデーは日本PTA全国協議会から推せんされています
フラッシャー＋点灯テール＋ストップライト
ヘッドライト＋フラッシャー
MARUISHI CYCLE YT-19
自転車のトップメーカー
丸石自転車

6つのフラッシャーライトが方向指示する！

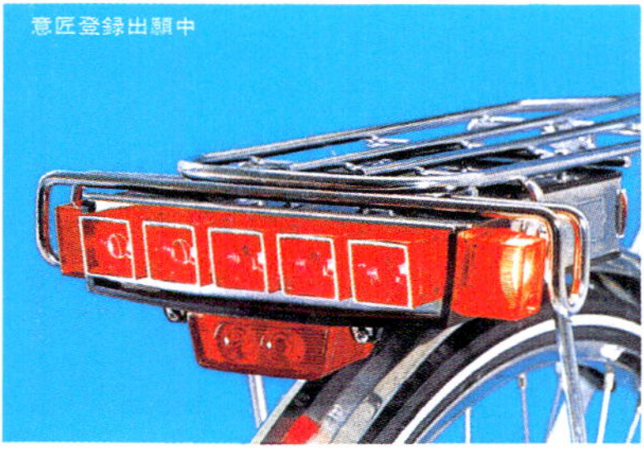

ハイメカニズム設計のスポーツ車いよいよ登場

ヤングホリデー18
アローフラッシュII

★日本で初めて6つのフラッシャーライトが、矢のように点滅して方向指示する〈アローフラッシュII〉。停車中でも輝く乾電池式点灯テールも組込まれている、スマートな完全〈信号パック〉です。

★丸石ヤングホリデーは日本PTA全国協議会から推せんされています

⊙流行をリードする魅力がいっぱい！………●雨にぬれても100パーセント性能を発揮する全天候ブレーキ(意匠登録出願中)。画期的な安全装備です。●フレームの色はバツグンのパールホワイト。印象的です(ブラックタイプもあります)。●強力2灯式ヘッドライト連動フラッシャーを新装備。ダイナミックです。

ヤングホリデー18・アローフラッシュII <YT18-5SDW> 5段変速・ジュニアスポーツ車

現金正価……29,800円／分割定価(6回)……31,700円

自転車のトップメーカー　丸石自転車

もし3学期に5がふえたら…

●中学のフレッシュマンに………

スポーツマン　セブンティーン・カレンダー（防水）

17石……………………………………4,700円より

進学・入学のお祝いはリクエストずみ。もちろんセイコーのカレンダー時計。時間のほかに、日付けがわかる…この便利さを選びました。それに防水も完ペキ。お父さんやお兄さんの時計にもまけない、すばらしい時計です。

信用あるお店ではSEIKOをおすすめします

SEIKOでスタート

世界の時計

SEIKO

株式会社 服部時計店 本社／東京都中央区銀座0丁目

次代の主役となるキミに!》新発売》

もう、すっかり1人前になったキミの腕に。出ました!〈若い個性〉の時計・セブンスター。若さいっぱいのキミを一層すばらしくします。

●若さにぴったりのデザイン、行きとどいた機能です。
●時計やバンドの種類がぐんと豊富。個性で選べます。
●高精度を伝える"軽やかな音"高い技術の表われです。

強力防水・自動巻・日付・曜日つき

〈若い個性〉の時計 **セブン スター**

☆21石……¥8,000　☆デラックス(クリスタルつき)21石……¥8,800

CITIZEN

シチズン

Be punctual! Be a good citizen! (よき市民は時を大切にする)

新学期　新入学へ向かって　レッツジャンプ!

①　②

この春、新たな舞台へジャンプするあなた。その毎日をピチッと決める
そして美しさをキラッと映す…輝くデートスター。あなた専用です。
☆日付がワンタッチで早修正できます☆個性的なデザインが豊富です

《若いレディ》の時計

デ★★ートスター

日付・日付早修正装置・パラショックつき／①…21石・¥7,300　②…25石・¥8,800
そのほか17石・¥5,500より各種

勉《べん》強《きょう》時《ど》計《けい》でテストに強くなりましょう

60分《ぷん》まで10分《ぷん》ごとに
セットでき
時間《じかん》がきたら
チーンとなります

ドリルは時間《じかん》をきめテストのつもりでしあげましょう。計算《けいさん》まちがいをしないように、きめた時間《じかん》でぜんぶのもんだいができるようぅに、毎日《まいにち》れんしゅうしましょう。しゅくだいも勉強時計《べんきょうどけい》をつかってはやくすませ、たのしくあそびましょう。

こんどのテスト
ウーンとがんばって
ママにも先生《せんせい》にも
ほめてもらうの——

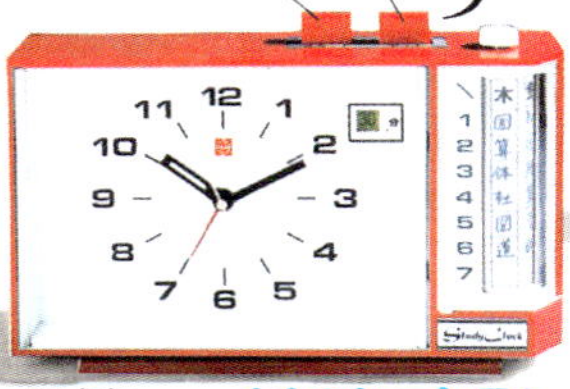
このボタンをおせば下のマドに60分まで10分ごとの数字がでます。
このボタンをおしてはじめましょう。

名古屋市立北陵中学校１年　大村靖彦くん

ぼくは名カメラマン

君も“自分のカメラ”を持つべきです！

コダック・インスタマチック・カメラは、ぼくのはじめてのカメラ。二学期はもっとがんばるって約束して、パパに買ってもらったんだ！写しかた？とってもカンタン！カートリッジをカメラにポン！すぐパチリ！白黒もカラーも、ごらんのとおり。きれいに写ってるだろう！海や山で、すきなものが自由に写せる“自分のカメラ”なら、なんといっても、コダック・インスタマチック・カメラだね！

コダック・インスタマチック・カメラ

25型（新発売）……………3,200円

100型……………………5,950円

カートリッジ

白黒プリント用フィルム12枚どり…165円

コダカラーX・フィルム（カラープリント用）12枚どり…400円

ほかにカラースライド用もあります。

有名百貨店か、このサインのあるお店で、お手にとってごらんください。

●きれいなカタログさしあげます。お申しこみは下記へどうぞ。

東京都中央区日本橋小舟町0の0　長瀬産業　コダック製品部M-5係

コダック インスタマチック カメラ

●ご父兄の皆さまへ…このカメラは世界の写真をリードするコダック社製。夏休み中、お子さまの社会科、理科などの勉強に、また写真日誌の作成などにすぐに役立つ教材として、安心してお与えいただけます。

ボクだけのカメラでとったんだ！
コダック・インスタマチック・カメラ

カートリッジ入りのフィルムをポン。ねらってパチリ。みんながびっくりするカラー写真がとれますよ。フラッシュ・ホルダーをつければ、フラッシュさつえいだってかんたんです。さあ、これから、カラー写真はキミの役！　このカメラでどんどん写してあげてください。世界のお友だちが使ってる33カメラは3, 300円。そのほかいろいろあります。コダック・フィルム・カートリッジには、カラープリント、カラースライド、白黒用の３種類があります。下のマークのお店でごらんください。

新発売　コダック インスタマチック®カメラ

パンフレットをお送りします。下記へお申しこみください。

長瀬産業 コダック製品部V-4係　東京都中央区日本橋小舟町0-0 〒103

CAMERAS
Kodak
FILM

べんりで明るい
三菱銀行

つかいますか?
ためますか?

お正月はお年玉《としだま》。一年中《いちねんじゅう》で、いちばんおカネのプレゼントが多い月です。お年玉のつかい方について、みんなの意見《いけん》をきいてみたら――
●ぜんぶ、つかっちゃう●ぜんぶ、ためちゃう●半分《はんぶん》つかって、半分ためるなどいろいろ。あなたは どうしますか

お年玉を上手《じょうず》につかうコツです

ディズニーの通帳《つうちょう》に、ぜんぶ預《あず》けて、欲《ほ》しいものの分だけ、ときどきおろす……こうすると意外《いがい》に、おカネが残《のこ》ります。お年玉が上手に生《い》かせます。

ディズニー預金

●人気者のダック、かわいいバンビ、すてきなシンデレラ姫が通帳の表紙に●一円から預けられます。

ぼくちゃん預金をはじめないか?

ボクちゃん預金っていうのはね、ふつうの預金とちょっと、やり方がちがうんだ。1まず、ほしいものとかやりたいこと(たとえばグループ旅行)をハッキリきめること＝目的。2とちゅうでくじけないこと＝強い決心。3使った残りやあまった分…などと、いわずにぐっとがまんして残せるだけ残すこと＝積極性。これなら、君自身の力で古切手でもプラモデルでも自転車でも、ラクにものにできる。お父さんやお母さんと相談してはじめよう!

*カッコいい宇宙スタイルのぼくちゃん貯金箱

きょう、あす……未来――――皆様の

富士銀行

よい子におくる夏休みプレゼント

こどもに爆発的人気の
木馬座
ファミリー劇場

〈ゆかいな泥棒たち〉に登場する
ユーモアと夢いっぱいの100万円のチンチン電車

■切符の
お申込みは
お電話で
000－0000

■入場料
S大　人　650円
　こども　550円
A大　人　550円
　こども　450円
B大　人　500円
　こども　400円

夏休みは楽しい劇を

５人の司会者がおくる世界の名作童話公演

■演出・美術　藤城清治
■音楽　いずみたく
■照明　大庭三郎

主題歌■朝日ソノラマ

アラジンと魔法のランプ

司会　松島トモ子
7月24日→8月7日
(毎木曜休演)
西武百貨店7階10時半・2時
西武ファウンテンホール

司会　中原美紗緒
8月9日→21日
(13日・15日休演)
三越6階　10時半・2時
三越劇場

西遊記より　孫《そん》悟《ご》空《くう》

孫悟空が舞台を縦横にかけめぐる一大スペクタクル！

司会　砂川啓介
7月30日→8月30日(毎水曜と21日休演)10時半・2時
読売ホール

ゆかいな泥棒たち

歌が大好きでまぬけで気のいい３人組のドロボーたちが改心するまでのとっても楽しいシャレたミュージカル
100万円のチンチン電車が登場！　司会　笈田敏夫
8月3日→26日(毎木曜休演)10時半・2時
東横ホール

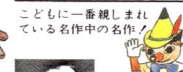

ピノキオ

こどもに一番親しまれている名作中の名作！

司会　森あき子
8月10日→28日　10時半・2時
サンケイホール

出典一覧

本書に収録された全広告図像のオリジナルが出広された雑誌名と発行年月日を掲載順に記します。
なお、これら発行年月日は各誌の奥付に基づく日付であり、実際に発売された日付とは異なります。
出版界の慣例により、月刊誌は約一ヶ月前、週刊誌は約一週間前に発売されています。

『週刊少年サンデー』
昭和40年6月13日号

『週刊マーガレット』
昭和40年3月21日号

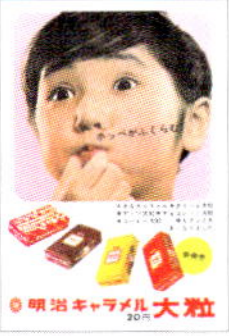

『週刊少年マガジン』
昭和40年3月28日号

『週刊少年マガジン』
昭和40年11月7日号

『週刊少年マガジン』
昭和40年1月10日号

『週刊少年マガジン』
昭和40年7月11日号

『週刊マーガレット』
昭和40年10月28日

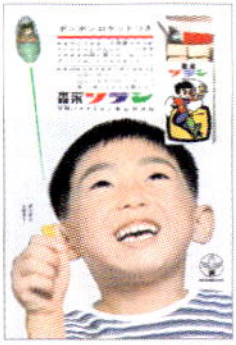

『週刊少年マガジン』
昭和40年10月24日

『週刊少年マガジン』
昭和40年7月18日号

『週刊少年サンデー』
昭和40年8月15日号

『週刊少年サンデー』
昭和40年3月14日号

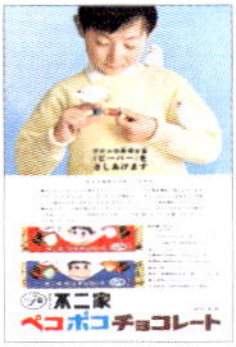

『週刊少年サンデー』
昭和40年6月6日号

『週刊少年サンデー』
昭和40年12月12日

『週刊少年サンデー』
昭和40年2月14日号

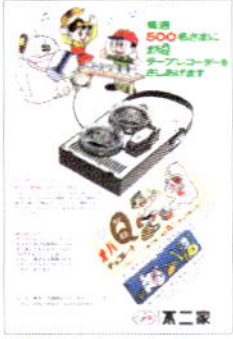

『週刊少年サンデー』
昭和40年10月24日

『週刊少年マガジン』
昭和40年11月28日号

『週刊少年サンデー』
昭和40年8月15日号

『週刊少年マガジン』
昭和40年8月29日号

『週刊少年マガジン』
昭和40年7月18日号

『週刊少年サンデー』
昭和40年5月23日号

『週刊少年マガジン』
昭和41年2月20日号

『週刊少年マガジン』
昭和41年11月20日号

『週刊少年マガジン』
昭和41年4月24日号

『週刊少年サンデー』
昭和40年10月24日号

『週刊少年マガジン』
昭和40年9月19日号

『週刊少年サンデー』
昭和41年7月31日号

『週刊少年マガジン』
昭和41年2月27日号

『週刊少年マガジン』
昭和41年6月19日号

『週刊マーガレット』
昭和41年9月4日号

『週刊少年サンデー』
昭和41年11月13日号

『週刊マーガレット』
昭和41年9月4日号

『週刊少年マガジン』
昭和41年10月2日号

『週刊少年マガジン』
昭和41年10月9日号

『週刊少年サンデー』
昭和41年2月6日号

『週刊少年サンデー』
昭和41年12月4日号

『週刊少年サンデー』
昭和42年11月26日号

『週刊少年マガジン』
昭和42年9月10日号

『週刊少年マガジン』
昭和42年8月27日号

『月刊少年画報』
昭和42年7月号

『週刊少年マガジン』
昭和41年2月20日号

『週刊少年サンデー』
昭和42年6月11日号

『週刊少年サンデー』
昭和42年5月28日号

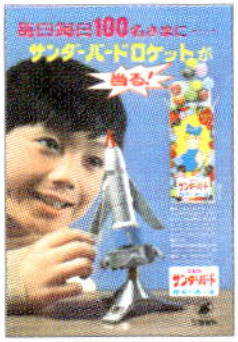

『週刊少年サンデー』
昭和42年5月28日号

『週刊少年マガジン』
昭和42年5月7日号

『週刊少年サンデー』
昭和42年11月5日号

『週刊少年サンデー』
昭和42年9月17日号

『週刊少年サンデー』
昭和42年6月11日号

『週刊少年サンデー』
昭和42年6月11日号

『週刊少年サンデー』
昭和42年11月26日号

『週刊マーガレット』
昭和43年1月7日号

『週刊少女フレンド』
昭和43年5月21日号

『週刊マーガレット』
昭和43年7月24日号

『週刊マーガレット』
昭和42年8月13日号

『週刊マーガレット』
昭和42年6月4日号

『週刊少年マガジン』
昭和43年10月6日号

『週刊少年マガジン』
昭和43年8月11日号

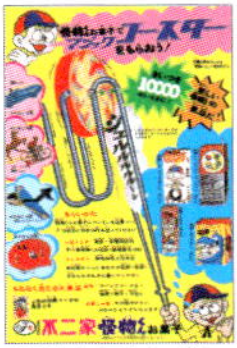

『週刊少年キング』
昭和43年10月13日号

『週刊少年マガジン』
昭和43年7月14日号

『週刊マーガレット』
昭和43年6月23日号

『週刊マーガレット』
昭和44年11月23日号

『月刊少年ブック』
昭和43年7月号

『週刊少年サンデー』
昭和43年2月18日号

『週刊少年マガジン』
昭和43年8月25日号

『週刊少年マガジン』
昭和43年3月24日号

『週刊少年マガジン』
昭和44年12月1日号

『週刊少年キング』
昭和44年9月14日号

『週刊マーガレット』
昭和44年7月27日号

『週刊マーガレット』
昭和44年8月31日号

『週刊マーガレット』
昭和44年10月19日号

『週刊少年マガジン』
昭和40年9月26日号

『月刊少年画報』
昭和40年8月号

『週刊少年マガジン』
昭和40年3月28日号

『月刊冒険王』
昭和40年1月号

『週刊少年マガジン』
昭和44年5月25日号

『週刊少年マガジン』
昭和40年10月17日号

『週刊少年サンデー』
昭和40年6月6日号

『週刊少年サンデー』
昭和40年3月14日号

『月刊少年ブック』
昭和40年1月号

『週刊少年サンデー』
昭和40年1月17日号

『週刊少年キング』
昭和41年9月25日号

『週刊少年キング』
昭和41年9月18日号

『週刊少年マガジン』
昭和41年8月21日号

『週刊少年マガジン』
昭和41年5月15日号

『週刊少年サンデー』
昭和40年8月15日号

『週刊マーガレット』
昭和41年7月10日号

『週刊マーガレット』
昭和41年9月4日号

『週刊少年マガジン』
昭和41年2月27日号

『週刊少年キング』
昭和41年8月14日号

『週刊少年マガジン』
昭和42年9月10日号

『週刊少年サンデー』
昭和42年1月15/22日号

『週刊少年キング』
昭和42年5月7日号

『週刊少年サンデー』
昭和42年1月15/22日号

『週刊少年マガジン』
昭和41年12月11日号

『週刊少年キング』
昭和42年7月9日号

『週刊少年キング』
昭和42年2月26日号

『週刊少年キング』
昭和42年7月9日号

『週刊少年キング』
昭和42年12月3日号

『週刊少年マガジン』
昭和42年3月19日号

『週刊少年キング』
昭和42年7月23日号

『週刊少年キング』
昭和42年12月10日号

『週刊少年キング』
昭和42年12月3日号

『週刊少年キング』
昭和42年12月3日号

『週刊少年キング』
昭和42年5月7日号

『週刊少年キング』
昭和42年12月17日号

『月刊少年画報』
昭和42年1月号

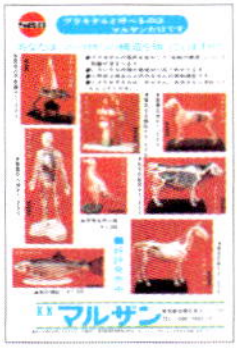

『週刊少年サンデー』
昭和42年9月17日号

『週刊少年キング』
昭和42年2月19日号

『週刊少年キング』
昭和42年11月12日号

『週刊少年サンデー』
昭和43年7月14日号

『週刊少年キング』
昭和43年11月17日号

『週刊少年キング』
昭和43年10月13日号

『週刊少年サンデー』
昭和43年2月11日号

『月刊少学四年生』
昭和43年7月号

『週刊少年マガジン』
昭和43年9月22日号

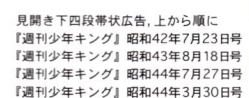

見開き下四段帯状広告，上から順に
『週刊少年キング』昭和42年7月23日号
『週刊少年キング』昭和43年8月18日号
『週刊少年キング』昭和44年7月27日号
『週刊少年キング』昭和44年3月30日号

『週刊少年マガジン』
昭和44年12月1日号

『週刊少年サンデー』
昭和43年7月7日号

『週刊少年サンデー』
昭和43年6月2日号

『週刊少年キング』
昭和43年11月17日号

『週刊少年マガジン』
昭和43年12月27日号

『週刊少年サンデー』
昭和44年3月30日号

『週刊少年キング』
昭和44年11月23日号

『週刊少年キング』
昭和44年12月21日号

『週刊少年マガジン』
昭和44年5月18日号

『週刊少年サンデー』
昭和44年11月9日号

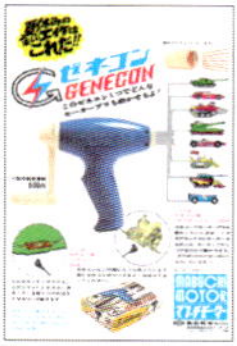

『週刊少年キング』
昭和44年8月31日号

『月刊少年ブック』
昭和43年4月号

『週刊少年キング』
昭和44年12月14日号

『週刊少年マガジン』
昭和44年2月16日号

『月2回刊少年画報』
昭和44年10月13日号

『週刊マーガレット』
昭和40年11月14日号

『週刊マーガレット』
昭和40年9月26日号

『週刊マーガレット』
昭和40年3月28日号

『週刊マーガレット』
昭和40年11月14日号

『週刊マーガレット』
昭和40年10月24日号

『週刊少年マガジン』
昭和42年7月23日号

『週刊マーガレット』
昭和41年11月6日号

『週刊マーガレット』
昭和41年12月18日

『週刊少年マガジン』
昭和41年11月13日号

『週刊少年マガジン』
昭和41年8月28日号

『週刊少女フレンド』
昭和42年9月19日号

『週刊マーガレット』
昭和42年6月4日号

『週刊少年マガジン』
昭和42年12月3日号

『週刊少年マガジン』
昭和42年5月28日号

『週刊少年マガジン』
昭和42年4月30日号

『週刊マーガレット』
昭和43年9月1日号

『週刊マーガレット』
昭和43年8月11日号

『週刊マーガレット』
昭和42年10月8日号

『週刊マーガレット』
昭和42年8月6日号

『週刊マーガレット』
昭和42年7月23日号

『週刊マーガレット』
昭和44年11月23日号

『週刊マーガレット』
昭和44年2月25日号

『週刊マーガレット』
昭和43年11月17日号

『週刊マーガレット』
昭和43年6月23日号

『週刊少女フレンド』
昭和43年5月21日号

『週刊マーガレット』
昭和41年3月27日号

『週刊少女フレンド』
昭和44年2月25日号

『週刊マーガレット』
昭和42年4月23日号

『週刊マーガレット』
昭和41年2月13日号

『週刊マーガレット』
昭和44年5月18日号

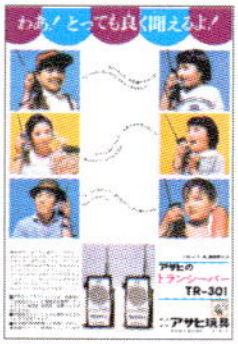

『週刊少年キング』
昭和41年9月18日号

『週刊少年サンデー』
昭和41年12月4日号

『週刊少年マガジン』
昭和41年7月24日号

『週刊マーガレット』
昭和44年8月31日号

『月2回刊少年ジャンプ』
昭和44年5月22日号

『週刊少年キング』
昭和43年8月11日号

『週刊少年サンデー』
昭和41年10月30日号

『週刊少年マガジン』
昭和40年1月10日号

『週刊マーガレット』
昭和42年6月4日号

『月刊少年ブック』
昭和40年1月号

『週刊マーガレット』
昭和40年12月26日号

『週刊少年キング』
昭和44年4月6日号

『週刊マーガレット』
昭和44年5月18日号

『週刊少年マガジン』
昭和44年12月14日号

『週刊少年マガジン』
昭和43年9月24日号

『週刊マーガレット』
昭和41年1月2日号

『週刊少年マガジン』
昭和40年6月6日号

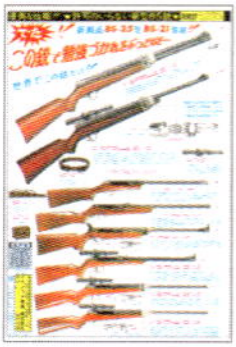
『週刊少年マガジン』
昭和43年9月29日号

『月刊少年ブック』
昭和42年3月号

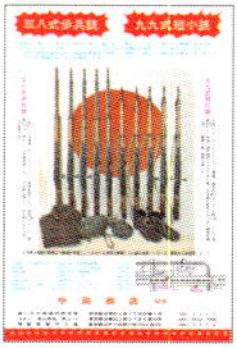
『週刊少年マガジン』
昭和40年9月19日号

『週刊少年マガジン』
昭和40年3月19日号

『週刊少年マガジン』
昭和43年5月26日号

『週刊少年マガジン』
昭和42年4月30日号

『週刊少年マガジン』
昭和42年8月27日号

『週刊少年マガジン』
昭和43年5月5日号

『週刊マーガレット』
昭和43年6月16日号

『週刊マーガレット』
昭和44年5月18日号

『週刊少年マガジン』
昭和44年5月4日号

『週刊少年サンデー』
昭和43年4月21日号

『週刊少年サンデー』
昭和42年4月9日号

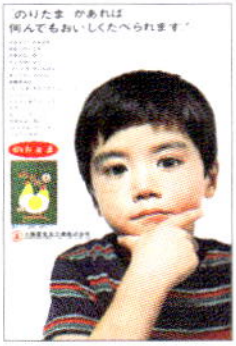
『週刊少年サンデー』
昭和41年11月13日号

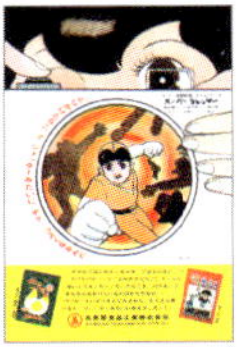
『週刊少年サンデー』
昭和40年12月12日号

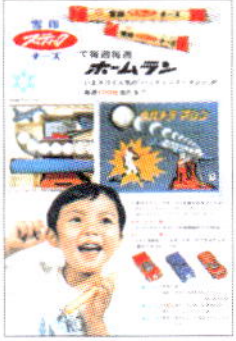

『週刊少年サンデー』
昭和43年12月8日号

『週刊少年マガジン』
昭和42年9月3日号

『週刊少年マガジン』
昭和42年12月3日号

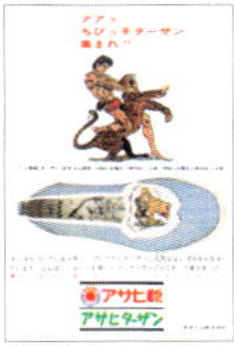

『週刊少年マガジン』
昭和42年3月7日号

『週刊少年マガジン』
昭和41年6月19日号

『週刊少年マガジン』
昭和41年10月2日号

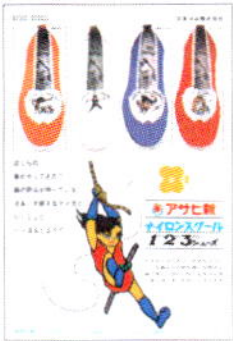

『週刊少年マガジン』
昭和40年4月4日号

『週刊マーガレット』
昭和42年7月2日号

『週刊マーガレット』
昭和41年12月11日号

『週刊少年キング』
昭和44年12月21日号

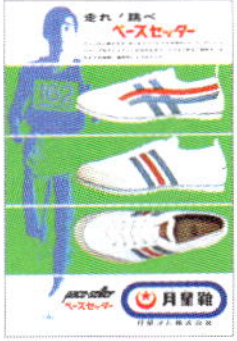

『週刊少年サンデー』
昭和44年4月13日号

『週刊少年サンデー』
昭和43年4月21日号

『週刊マーガレット』
昭和43年11月17日号

『週刊マーガレット』
昭和44年9月28日号

『週刊マーガレット』
昭和43年10月27日号

『週刊マーガレット』
昭和43年10月20日号

『週刊少年キング』
昭和43年9月1日号

『月刊小学三年生』
昭和40年5月号

『週刊少年マガジン』
昭和40年11月16日号

『週刊少年サンデー』
昭和40年2月14日号

『週刊少年マガジン』
昭和40年9月26日号

『週刊マーガレット』
昭和44年11月23日号

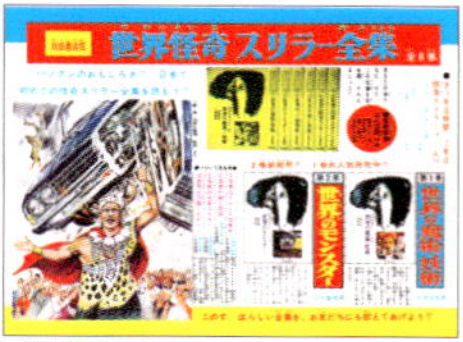

『月刊冒険王』
昭和43年2月号

『月刊冒険王』
昭和43年2月号

『週刊少年マガジン』
昭和40年8月29日号

『週刊マーガレット』
昭和43年6月23日号

『週刊マーガレット』
昭和43年9月1日号

『週刊マーガレット』
昭和42年10月8日号

『週刊マーガレット』
昭和41年9月4日号

『週刊少年マガジン』
昭和40年4月25日号

『月刊少年ブック』
昭和40年1月号

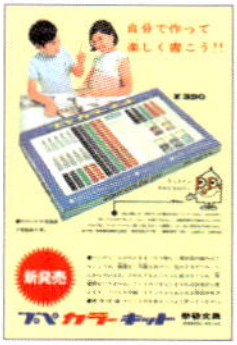
『週刊少年マガジン』
昭和44年8月24日号

『週刊少年サンデー』
昭和44年3月9日号

『週刊マーガレット』
昭和44年8月24日号

『週刊少年マガジン』
昭和43年4月7日号

『週刊少年マガジン』
昭和43年7月14日号

『週刊少年サンデー』
昭和44年1月1日号

『週刊少年マガジン』
昭和43年10月6日号

『週刊少年サンデー』
昭和41年3月27日号

『月刊少年ブック』
昭和43年7月号

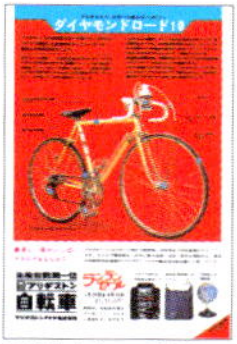

『週刊少年マガジン』
昭和41年2月27日号

『週刊少年サンデー』
昭和41年12月5日号

『週刊少年マガジン』
昭和40年10月24日号

『週刊少女フレンド』
昭和43年5月21日号

『月刊小学四年生』
昭和43年8月号

『週刊少年マガジン』
昭和43年4月14日号

『週刊少年マガジン』
昭和43年3月26日号

『週刊少年マガジン』
昭和43年2月18日号

『週刊少年マガジン』
昭和42年5月14日号

『週刊少年マガジン』
昭和41年11月20日号

『週刊少年マガジン』
昭和44年5月25日号

『週刊少年サンデー』
昭和44年3月30日号

『週刊少年マガジン』
昭和44年10月9日号

『週刊少年キング』
昭和43年8月11日号

『週刊少年マガジン』
昭和43年6月2日号

『週刊少年マガジン』
昭和44年4月13日号

『週刊マーガレット』
昭和44年3月30日号

『週刊少年マガジン』
昭和43年3月3日号

『週刊少年サンデー』
昭和40年3月28日号

『週刊少年マガジン』
昭和44年12月1日号

『週刊少年サンデー』
昭和41年7月31日号

『週刊少年マガジン』
昭和42年10月8日号

『週刊少女フレンド』
昭和40年1月31日号

『週刊少年マガジン』
昭和44年8月24日号

『週刊少年マガジン』
昭和42年8月27日号

本書のデジタル画像修正について

原稿として送られてきたものは、すべては三〇数年前に印刷された大量の週刊誌で、そのほとんどに汚れと、印刷時の見当ズレ（＝版ズレ）などがあり、しかも保存状態はあまり良くないものでした。それらをまず画像データとして取り込むのですが、スキャナー入力は原本をバラさないで行わなければならず、中にはノド側の絵柄がそり曲がって読み込まれるものも発生してしまいます。これは後処理で丁寧に元の形に再現しました。一ページのデータ量は四五〜五〇ＭＢ。（中略）

レタッチの実際ですが、墨文字に関しては藍版よりコピーしてシャドー調整の後に、これを墨版におきかえてから黄・赤・藍の各版を除去します。イロ文字および平アミムラは特定色に変換後にヌリツブシ作業。見当ズレに関しては分色をコピーし、位置の微調整をしてズレをなくしました。

次に写真部分ですが、色調の悪いところは、たとえば人物なら肌、洋服、髪の毛などをそれぞれ切り抜き、カーブ、特定色などを使用して、指示書に従いながら当時の標準色に修正します。そしてその後に元の画のとおりに合成するわけです。

特に大変だったのは裁ち落とされた部分の絵柄不足や、原本の破れなどの存在しない絵の復元で、長年の色知識を活かしつつも、失敗しながらの作業でした。

これらすべてMacフォトショップ五・〇Ｊで、一ページにつき半日の時間をかけた、右手マウスだけの作業です。全体では三人がかりで一〇ヶ月以上の作業となってしまいました。初校は最新機ＤＤＣＰによる色校です。

図書印刷株式会社　沼津工場デジタル製版課　勝岡勉

（オリジナル版を製作した一九九九年当時の原稿より）

C100
M100
Y100
K100
C100+M100
M100+Y100
C100+Y100
C50+M50
M50+Y50
C50+Y50

おことわり

一、本書に収録された広告のうち、約半数に当時の広告主企業の住所や電話番号などが掲載されていましたが、広告主の同意の上で、数字のみすべてゼロ表記に改めてあります。

二、本書に収録された広告内で扱われている商品、景品、懸賞、応募企画などはすべて過去のものであり、販売、受付ともに現在は終了しています。これらに関してのご質問などには、広告主企業ならびに弊社・青幻舎は一切お答え出来ません。

三、本書に収録された一部の広告に、広告主企業名や版権元表記が現在とは異なる旧名称のものがあります。また広告文に誤字が含まれているものがあります。これらは広告の歴史資料的価値とオリジナリティを尊重するためにそのまま掲載してあります。

以上三項目、あしからずご了承ください。

掲載広告資料協力者一覧（アイウエオ順）

●団体

株式会社秋田書店
株式会社アキボウ
（旧・日米富士自転車株式会社）
株式会社アサヒコーポレーション
株式会社アーレスティ
（旧・扶桑軽合金株式会社）
新家工業株式会社
江崎グリコ株式会社
エーザイ株式会社
エースコック株式会社
株式会社エポック社
大塚製薬株式会社
カバヤ食品株式会社
カルビー株式会社
株式会社河田
カンロ株式会社
キングレコード株式会社
クラシエフーズ株式会社
株式会社講談社
株式会社国際貿易
コダック株式会社
サッポロ飲料株式会社
サントリーフーズ株式会社
株式会社小学館
ショウワノート株式会社
セイコーウオッチ株式会社
株式会社タカラトミー
株式会社タミヤ
株式会社テンヨー
株式会社東京マルイ
株式会社ナカジマコーポレーション
株式会社中田商店
任天堂株式会社
株式会社パイロットコーポレーション
株式会社ハセガワ
パナソニック株式会社
株式会社ハナヤマ
株式会社バンダイ
フジミ模型株式会社
ブリヂストンサイクル株式会社
株式会社マイクロエース
（旧・株式会社有井製作所）
株式会社増田屋コーポレーション
マブチモーター株式会社
株式会社丸石サイクル
株式会社マルサン
株式会社マルハニチロホールディングス
丸美屋食品工業株式会社
三菱鉛筆株式会社
株式会社ムーンスター
明治製菓株式会社
森下仁丹株式会社
ヤマハ株式会社
養命酒製造株式会社
株式会社ロッテ

●版権／肖像権元

©ＩＴＣ
石坂浩二
株式会社石森プロ
©楳図かずお／小学館
株式会社ＮＨＫエンタープライズ
株式会社オーケープロダクション
©梶原一騎・川崎のぼる／講談社
角川映画株式会社
株式会社沢井プロダクション
沢村忠
株式会社ダブルフォックス
株式会社円谷プロダクション
株式会社手塚プロダクション
©手塚プロダクション／東急エージェンシー／ピープロダクション「マグマ大使」
株式会社ＴＢＳテレビ
東映株式会社
©東急エージェンシー／ピープロダクション「怪獣王子」
東宝株式会社
長嶋企画
二宮秀樹
©ピープロダクション「ちびっこ怪獣ヤダモン」
平井憲太郎
株式会社光プロダクション
福岡ソフトバンクホークス株式会社
株式会社フジオ・プロダクション
©藤子プロ・藤子スタジオ・小学館「オバケのQ太郎」
©藤子Ⓐ・シンエイ・小学館「怪物くん」
©藤子プロ・小学館「パーマン」
藤城清治事務所
株式会社水木プロダクション
虫プロダクション株式会社
森田拳次
吉沢京子
株式会社読売巨人軍
わたなべまさこ

●協力

内記稔夫・内記由子・長橋正樹（現代マンガ図書館）
勝岡 勉（図書印刷株式会社）
漫棚通信

Children's Advertising in the Showa Era

昭和ちびっこ広告手帳

〜東京オリンピックからアポロまで〜

発　　行　2009年 4 月20日　初版発行
2024年11月30日　第十一刷発行

企画編集　おおこしたかのぶ
ほうとうひろし

装　　幀　ほうとうひろし

発 行 者　片山 誠

発 行 所　株式会社　青幻舎
京都市中京区梅忠町9-1
TEL.075-252-6766 FAX.075-252-6770
https://www.seigensha.com

印刷・製本　モリモト印刷株式会社

Printed in JAPAN
ISBN978-4-86152-181-2 C2072

本書は、『ちびっこ広告図案帳 ad for KIDS:1965〜1969』(1999年、オークラ出版刊)の掲載作品より抜粋し、再構成したものです。広告図版等の著作権については、可能な限り許諾を得るように務めましたが、一部に不明なものもありました。判明した際には速やかに対処いたしますので、権利者のかたは編集部までご一報下さい。